Når jeg en dag bliver slank …

rejsen hjem

Marlene Leth-Møller

Forlaget Vinger

ISBN 978-87-972000-0-1

"Hvad med sådan her?" siger jeg og lægger mig på maven på sofaen. "Ja, det er fint," siger han, mens hans blik spotter den rette vinkel. Indeni mærker jeg en tøven over at posere nøgen. Jeg føler, min krop er for grænseoverskridende, for fed, til at blive vist frem på billeder. Vil jeg kunne klare at se på den? Samtidig føles det naturligt at være nøgen. Også selvom han er fuldt påklædt. Han er jo fotografen og ser på mig gennem sin linse. Vi har allerede taget nogle billeder, som er tiltænkt forsiden til min nye bog, så tanken er ikke, at dette her bliver et forsidebillede. Men gennem et stykke tid har jeg overvejet at få taget billeder af min nøgne krop for at se, om jeg kan komme til at holde af at kigge på den.

Da filen med billederne tikker ind på mailen nogle timer senere, er jeg overraskende nok begejstret for billedet med mine smilende øjne og min nøgne, lyse hud. Jeg kan se på hele min attitude, at jeg er glad for min krop. "Det her billede skal på forsiden," tænker jeg.

INDHOLD

“

AND THE MOON SAID TO ME - MY DARLING DAUGHTER, YOU DO NOT HAVE TO BE WHOLE IN ORDER TO SHINE

NICHOLE MCELHANEY

Første del

1

"Du har taget på!"

Min mor kigger op fra avisen. "Du har taget på!" siger hun og kigger ned i avisen igen. Hendes tonefald er anklagende, nærmest vredt. En skarp smerte skyder op i min krop; mit indre trækker sig sammen som i krampe, vreden er så stærk, at jeg har lyst til at skrige. Men lige efter kommer skam og rådvildhed og lægger sig som et tungt tæppe over mig. Jeg er lige kommet ind ad døren efter en lejrtur med klassen og har ikke set hende i flere dage. "Og hvad så?" svarer jeg i en afvisende tone, mens jeg skynder mig forbi hende ind på mit værelse. Derinde forsøger jeg at få hold på de stærke følelser, som hendes ord har efterladt mig med. Jeg er stakåndet af anstrengelse for at holde mine følelser af ked-af-det-hed, vrede og skam inde. Hvorfor taler hun til mig på den måde? Hvad har jeg gjort? En følelse af uretfærdighed blandet med vrede sidder i mit bryst og mave. Men jeg kan ikke vise hende mine følelser. Dels er jeg for chokeret over hendes tonefald, dels føler jeg, at hun har ret. Min første desperate tanke er: "Jeg må af med de her kilo," men samtidig mærker jeg en sær følelse af opgivenhed. Som om jeg står overfor en overmagt, jeg aldrig vil kunne bekæmpe. Frygt og håbløshed blander sig mellem hinanden.

Det var i 1986, og jeg var 13 år gammel. Vi havde været på 5 dages lejrtur med klassen til Bornholm, og for de sidste penge havde vi købt posevis af slik og kage, som vi slæbte ombord på færgen hjem. Min nat var gået med at spise alene. Jeg havde følt en sær optimisme og glæde ved at have så meget kage og slik til rådighed. Samtidig gjorde det mig ubehageligt til mode, som om jeg ikke rigtig kunne genkende mig selv. Hvorfor spiste jeg løs hele natten, selvom jeg slet ikke var sulten? Det føltes ikke normalt, og jeg skammede mig over det.

Et tjek på vægten næste morgen fortalte mig, at jeg på de 5 dage havde taget 5 kilo på. Nu vejede jeg 61 kilo. Over 60 kilo! Det forfærdede mig helt ind i knoglerne og bragte en ny bølge af frygt og skam i bevægelse i mig.

Efter hendes bemærkning den dag talte jeg aldrig med min mor om min vægt. Min fornemmelse var, at hun så ned på mig, hvilket jeg også selv gjorde. Alt jeg ville, var at tabe mig hurtigt og vise hende, at hun tog fejl af mig. Jeg var ikke et andenrangs menneske – jeg var god nok (når jeg altså lige blev slank).

Det var ikke nyt for mig, at min mor så ned på tykke mennesker. Gennem min barndom havde hun til tider underholdt med historier om en af hendes veninder, der var virkelig fed. Om hvordan hun under et besøg ikke kunne komme op af vores lænestol, fordi hun sad fast. Hvordan hun en dag troppede op på vores dørtrin og sagde til min mor: "Kan du ikke se, hvad der er forandret?" med armene slået ud. Min mor kunne overhovedet ikke se, at hun havde tabt 11 kilo. Eller dengang hendes sko sprak under en fest pga. hendes fede fødder, der blev så brede af at bære på hendes vægt. Der var både foragt og chok at spore i min mors stemme. I hendes øjne var det det rene freakshow.

Nu var jeg den veninde. På trods af at min vægt på det tidspunkt sagde 5 kilo for meget, føltes det som 50 kilo. De klæbede til mig og fortalte omverdenen om min manglende værdi. Jo højere vægt, jo lavere værdi havde jeg som menneske. En indre kamp rasede. Jeg ville tabe mig for at vise min mor, at hun tog fejl af mig. Men samtidig ville jeg ikke underlægge mig hendes vurdering af mig og tabe mig. Det var som to modsatrettede bomstærke følelser. Uanset hvad jeg gjorde, ville jeg tabe til hende. Men den erkendelse var ikke så stærk i mig dengang. I stedet satte jeg mig for at løse mit problem med min vægt, da frygten og skammen over at veje for meget var umulig at bære. Jeg *skulle* tabe mig.

2

"Kan man se det?"
En veninde i skolen og jeg udveksler små sedler i timen, og jeg har lige skrevet til hende, at jeg vejer 61 kilo. Med udråbstegn bagefter. Men det vigtigste spørgsmål fra mig til hende er: "Kan man se det?" Hun forsikrer mig om, at det kan man ikke. Jeg har et desperat håb om, at jeg kan nå at gøre noget ved det, inden nogen opdager den frygtelige suppedas, jeg er havnet i.

De 2 af kiloene forsvandt hurtigt igen, og jeg var efterladt med 59 kilo. Uden helt at vide, hvordan jeg skulle gribe de ekstra kilo an, gik jeg i gang med at forsøge at spise mindre. Jeg fandt en kalorietabel i Ude & Hjemme, som jeg skjulte på indersiden af mit klædeskab, for jeg ønskede ikke, at min mor skulle vide, at jeg prøvede at tabe mig. I min Maylandkalender skrev jeg en meget mager diæt hver dag sammen med et ønsket vægtmål. På den måde drømte jeg om at tabe 10 kilo på 2 måneder. Diæten bestod af sådan noget som 100 gram spaghetti med tomatketchup eller rugbrød med makrel. Ifølge mine udregninger ville jeg spise 500 kalorier om dagen. Men sådan gik det stort set aldrig, og jeg opgav hurtigt den plan.

Jeg blev superbruger af kalorietabeller, men jeg spiste for meget til at tabe mig. Det var så trist at skulle spise så lidt, og jeg anede allerede på det tidspunkt, at det ville blive svært at holde i længden. Alligevel forsøgte jeg. Hver dag. På trods af meget viljestyrke og stor selvtillid havde jeg dog hele tiden følelsen af, at jeg var oppe imod noget meget stærkere end mig selv. Selvom jeg var fuldt ud klar over, at det var mig, som valgte at overspise, så føltes det udenfor min kontrol. Den mangel på kontrol tyngede mig. Voldsomt.

Mine fantasier om at blive slank(ere) holdt mig oppe og gav mig en følelse af, at den situation, som jeg befandt mig i, var tålelig og vigtigst af alt, midlertidig. Da jeg som 13-årig fik min første menstruation, var det enormt smertefuldt og på samme tid en stolt milepæl. "Jeg vil holde op med at spise slik," sagde jeg højtideligt til mig selv, fordi jeg følte, at sådan en rituel overgang kunne tjene som en dør til et slankt liv. Det måtte betyde, at jeg var blevet mere voksen. Men det betød ikke noget for min trang til at spise. Jeg fortsatte med at have ugentlige overspisninger og der imellem kalorierige småspisninger. Altid fedt, sukker eller en kombination. Jeg spiste for at opnå tryghed, ro og optimisme. For at fortsætte med at være ubekymret og godt præsterende udadtil og dæmpe en udefinerbar uro indadtil.

Fem uger før min konfirmation skrev jeg i min dagbog: *"Nu har jeg bestemt mig! Inden min konfirmation vil jeg tabe mig 10 kilo."* 5 måneder senere skrev jeg igen: *"Ha! Bestemt mig! Jeg er nu endnu federe end før min konfirmation."* Dagbogsteksterne bar ikke præg af, at jeg havde en realisme eller egentlig troede på projektet. Det var temmelig overfladisk beskrevet uden at afsløre nogen dybere følelser, såsom: *"Mit nytårsforsæt er at løbe nogle gange om ugen og spise mindre. FOR JEG VIL TABE MIG. JEG GIVER IKKE OP. Godnat."*

Som 14-årig købte jeg min første slankebog. En meget gennemgribende og temmelig omstændelig bog, som beskrev skille-kost princippet. I min unge og naive tilgang læste jeg hvert et ord og følte, at der måtte være noget om det. Som ved et trylleslag kunne de overflødige hæslige kilo forsvinde, hvis blot jeg ikke spiste kulhydrater og protein i samme måltid. Jeg dristede mig til at få mine forældre til at lave en opskrift fra bogen, men de var meget lidt interesserede i det. Og jeg kunne heller ikke selv holde den skrue i vandet og leve efter principperne i bogen.

Det gav mig utroligt meget håb og optimisme at læse disse slankebøger, og de gav luft til mine fantasier om at være slank og normal – og i bund og grund ophøre med at være værdiløs, nedværdiget, til grin. For en stund gav de en ro i min krop, som jo snart ville komme til at se rigtig ud. Jeg kunne udholde skammen, for det ville snart blive godt igen. Sidenhen fulgte 3-4 slankebøger om året, ugeblade med vægttabshistorier og kostplaner osv. Alt hvad der handlede om vægttab, var jeg som suget ind af.

En anden slags bøger begyndte også at optage mig: historier om piger med spiseforstyrrelser. Især anoreksi. Jeg læste om piger, der sultede sig selv, og jeg ønskede mig brændende, at jeg kunne det. Ikke at jeg ønskede at svinde ind til ingenting – jeg ønskede mig bare at veje et normalt antal kilo og have en normal krop, så jeg kunne komme til at føle mig som et ordentligt menneske igen. Et menneske med værdi. Og jeg var overbevist om, at vægten forhindrede mig i det. Jeg længtes efter at få den opmærksomhed og omsorg, som disse piger med anoreksi fik, samt være genstand for den bekymring, som deres nærmeste udviste. Jeg kunne bare ikke forestille mig det med min egen familie, og jeg ønskede slet ikke deres opmærksomhed eller omsorg. Det ville være for mærkeligt og akavet. Det føltes bedre at holde mig for mig selv, gemme mit indre væk og vise det, som især min mor fremhævede om mig: Perfekt, præsterende, selvstændig.

Når min mor introducerede mig til andre, sagde hun til tider: "Det her er min perfekte datter", eller "Marlene har ingen problemer, og hvis hun har, så løser hun dem selv". Når hun kom med disse udsagn, føltes det godt og akavet på samme tid. Godt fordi jeg i et sekund følte mig uovervindelig. Akavet fordi jeg mente, at det måtte andre da vide ikke kunne passe, for der findes ikke perfekte mennesker uden problemer. Når min mor ophøjede mig på den måde, blev jeg først glad og så flov. Størst var ensomheden. Jeg følte ikke, at der var plads til, at jeg viste andet end det, som hun definerede. De situationer, jeg ikke kunne håndtere, de følelser og tvivl, som ofte overvældede mig – alt det holdt jeg så vidt muligt for mig selv. Jeg var strakt ud mellem to poler: Patetisk og Perfekt.

Min første succesfulde slankekur gennemførte jeg som 14-årig. Baggrunden var en lykkelig – senere hen ulykkelig – forelskelse i en 2 år ældre dreng. Vi kom sammen i 6 uger, og jeg var ør af lykke over at være midt i min første store forelskelse. Som sagt varede den 6 uger. Så slog Peter op med mig, og en af mine venner tæt på ham fortalte mig senere hvorfor. Peter havde syntes, jeg var for tyk, og han var flov over at blive set sammen med mig. Den oplevelse udløste igen et chok i min krop – en tilstand som fik hele mit indre til at trække sig sammen. Selvom jeg blev overrasket, var der også noget velkendt ved det. Nærmest som en konstatering af et faktum, som min mor allerede havde slået fast: "Du er tyk og værdiløs". Løsningen på min første store kærestesorg og dertil hans sårende udsagn var at gå på slankekur, og jeg skrev i min dagbog: *"Slankekur nr. 8.471.205 er sat i værk. OG DET SKAL HOLDE! Jeg har det godt, og jeg er ikke så ked af det med Peter mere."* Jeg tabte derefter 5 kilo på 3 uger med disciplin og tre små måltider om dagen, fra 67 til 62 kilo. Det gav mig en følelse af sejr, en slags oprejsning (og håbet om, at han måske ville bemærke det og komme tilbage). Men det gjorde ingen forskel, hverken for Peter eller for min måde at spise på, og jeg forstod dengang ikke, hvorfor jeg tog det hele på igen, og at en slankekur ikke i længden kunne redde mig fra mine spiseanfald.

Idet jeg stort set ikke delte med nogen, hvordan jeg havde det, var det heller ikke muligt at få nogen hjælp eller andre perspektiver på mit indre kaos. Det eneste jeg kunne føle var, at jeg var blevet ramt af en ukontrollerbar spisetrang, som ikke ville lade mig være i fred og lade mig opnå den lykke (i form af en slank krop), som jeg inderligt ønskede mig. Mest fordi det var ubærligt at mærke den skam og forkerthed, som var min konstante følgesvend. Jeg led i uvidenhed og forvirring, prøvede at kontrollere hvad jeg spiste og ellers fremstå glad og ubekymret. Men uanset hvad jeg prøvede, så kunne jeg ikke holde min spisetrang fra døren. *"Mad, mad og atter mad,"* var overskriften på en dagbogstekst, som jeg skrev et par uger før min 15-års fødselsdag. I teksten står der videre: *"Det er ved at gøre mig vanvittig, med al den mad. Jeg tænker ikke på andet end mad og på, at få den op igen. Det er forfærdeligt. Jeg er ikke i balance i øjeblikket. Overhovedet ikke. Jeg må se at komme i balance igen, dyrke motion og spise sund mad."*

Jeg vejede mig ofte i de år, men jeg kunne eller turde ikke have et forhold til min krop. Den føltes som et minefelt – stærke følelser kunne pludselig opstå, hvis jeg så noget, som ikke var rart, eller jeg blev konfronteret med noget ubehageligt. Det betød, at jeg ikke rigtig kiggede på den, medmindre jeg havde tabt mig, eller hvis jeg uforvarende fik øje på en fejl, som fik mit hjerte til at synke. Jeg husker den første gang, jeg som 15-årig opdagede strækmærkerne på min mave og den ulykkelige følelse iblandet rædsel, jeg mærkede. Samme aften var jeg sammen med min bedste veninde, og jeg var ekstra glad og udadvendt. Sådan var det ofte – jo mere frygt og ked-af-det-hed jeg følte indeni, jo større blev mit smil udenpå. Det føltes ikke, som noget jeg gjorde bevidst; jeg kunne ikke styre det. Det var muligvis, som når nogle mennesker nynner i mørket for ikke at blive overmandet af frygten.

Det var vigtigt for mig at fremstå glad og ubekymret. Det var en dobbelt skam at fremstå ude af kontrol eller ked af det og skamfuld. Samtidig var jeg skånselsløs mod mig selv: "Du kan ikke græde over noget, som du selv er herre over." "Det er dig, der vælger at spise, hvorfor kan du ikke bare lade være?" Samtidig havde jeg også ondt af mig selv og havde desperat brug for mine spiseanfald. Det bølgede frem og tilbage indeni. Men udadtil var alt godt. Jeg klarede det, jeg skulle og mere til. Passede skole og fritidsjob, fik gode karakterer, gik til fester og drak mig fuld med veninderne. Alt sammen mens jeg holdt vejret for at holde alle mine kaotiske følelser i skak indeni. For at skammen og værdiløsheden ikke skulle tage over og vise sig udenpå. Men det gjorde den i form af 18 ekstra kilo, som jeg tog på over de næste 3 år. Jeg kæmpede med at skjule min voksende krop samtidig med, at jeg forsøgte at tæmme den. Jeg ville overleve og sejre, hvilket var lig med at blive slank.

Om jeg ville det eller ej, havde jeg ubevidst indrettet mig således, at jeg ikke kunne leve uden at spise uhensigtsmæssigt. Mad var min eneste reguleringsmekanisme, mit værn mod mit følelsesliv og min sikkerhed for, at jeg kunne forblive glad og ubekymret udenpå. Som 11-årig havde jeg helt bevidst - men uden at kende konsekvenserne - taget en beslutning om, at jeg altid ville være glad. En sød og ganske naiv beslutning kan jeg se i dag. Men dengang virkede det så unødvendig nogensinde at være andet end glad. Hvis noget gjorde ondt, lærte jeg mig selv at tænke på noget positivt samtidig med, at jeg maste de dårlige følelser væk. Jeg mindes, hvor stolt jeg var over at kunne dette – som en slags super power – og jeg følte mig som det heldigste menneske i hele verden. Det gjorde mig stolt og glad og tryg, for andre bemærkede det også. Jeg var så nem at være sammen med. Intet kunne ramme mig.

På det tidspunkt kendte jeg ikke noget til psykisk sundhed eller det faktum, at et menneske ikke kan lukke af for kun de negative følelser. Lukker du ned, lukker du ned for det hele. Min beslutning gav mig store følelsesmæssige problemer senere i livet. Eller faktisk opstod de problemer ret hurtigt i form af, at jeg begyndte at bruge slik og søde sager til at regulere mit humør. Det var hurtigt umuligt for mig at holde de svære følelser ude ved ren og skær kraftanstrengelse. Umærkeligt begyndte slik og kage at fylde mere og mere i min bevidsthed. Hvis jeg lå i min seng og ikke orkede at stå op og gå på arbejde i bageren, lokkede mit sind med varme snegle og sprøde tebirkes. Når jeg følte mig ensom og uden dyb kontakt med omverden, kunne jeg trække mig tilbage på mit værelse og spise mig fra det. Slik og kage var blevet min vigtigste leverandør af velvære. Let tilgængelig velvære.

3

"Nobody puts Baby in the corner"

For 4. gang sidder jeg i biografens mørke og følger Baby Housemans trængsler, mens hun lærer dansetrinnene af den lækre danselærer Johnny og hans syletynde dansepartner Penny. Filmen "Dirty Dancing" er én i rækken af amerikanske ungdomsfilm i 80'erne, der fremhæver de slanke smukke piger, som får opmærksomhed og kærlighed fra de flotte fyre. Kameraet panorerer over Baby's fremtrædende ribben, hun er så utroligt slank, og jeg mærker en udefinerbar higen i mit bryst. Hvis bare.

Jeg hungrede ikke som sådan efter en flot fyr, jeg hungrede efter kærlighed og følelsen af at være speciel. Sammen med mine veninder sank jeg ned i det bløde biografsæde for at mærke denne kærlighed, og ofte betalte vi for at se filmene flere gange. Oplevelsen var dobbelt. En fysisk smerte af higen efter mening og betydning, og på samme tid en sødme over at drømme sig ind i den smukke, slanke hovedrolleindehavers liv. Filmene cementerede en overbevisning i mig: Jeg manglede kærlighed i mit liv, og jeg ville aldrig få den, hvis jeg ikke blev slank. Og jeg følte mig meget langt fra målet.

4

"Ved du, at der er en sammenhæng mellem intelligens og overvægt?"

Jeg er 16 år og sidder i lægens konsultation for at få en helbredsattest som en del af forberedelserne til et udvekslingsophold i USA. "Du kunne jo prøve NUPO." Lægen kigger ned i sine papirer og rykker lidt rundt på dem. Han har lige fortalt mig, at det er usundt at være overvægtig, og at min vægt på 79 kilo er for høj. Jeg havde ellers selv udfyldt min vægt til 72 kilo, fordi jeg var for flov over at skrive sandheden. Men han tjekker den.

Min plan har været at tabe mig, inden jeg skulle til lægen, således at den vægt, som jeg havde angivet, ville stemme overens med hans vægt. Min mor har fortalt mig, hvor lidt han bryder sig om overvægtige mennesker, så jeg er egentlig slet ikke til stede i hans konsultation den dag. Da han starter et mindre foredrag om sammenhængen mellem intelligens og overvægt, som ikke er i min favør, mærker jeg, hvordan mit indre snører sig sammen i vrede, og skammen brænder på mit ansigt. Og igen den der magtesløshed. Jeg vil ikke lade mig mærke med noget af det. Jeg siger: "Det kan jeg jo prøve" til hans forslag om at spise NUPO for at tabe mig.

Udover et par 5 kilos vægttab har jeg endnu ikke haft succes med alle mine slankekure. Så god og disciplineret jeg er til at passe mit job og skole, lige så umuligt er det for mig at stoppe mine spiseanfald i mere end nogle dage ad gangen. Jeg ved ikke, hvorfor jeg har det her vægtproblem. Jo, jeg ved, at jeg spiser for meget, men jeg forstår ikke, hvorfor jeg ikke kan holde op, når jeg nu så gerne vil slippe for de her kilo. Jeg har i desperation forsøgt at sulte mig (det holder ikke) og kaste op, efter jeg har spist (det er mere virkningsfuldt, men jeg bryder mig ikke om det i længden). Det fortæller jeg dog ikke til hverken lægen eller mine forældre. Jeg vil ikke give op eller ses som svag og underlægge mig, hvad jeg opfatter som min mors eller lægens dom over mig.

Første gang jeg tilbereder NUPO, er det med jordbær, hvilket er en smag, som jeg ikke er glad for. Jeg er bange for, at det skal smage syntetisk og kvalmt, men det er den eneste variant, som jeg kan finde i supermarkedet. For at holde min slankekur skjult for min mor tager jeg hendes meljævner i køkkenskuffen og går ud på toilettet. Da jeg klipper pakken op, kan jeg lugte den syntetiske lugt at "jordbær" og en anden kvalm lugt, som jeg senere har fundet ud af, er proteinet i pulveret. Jeg føler mig nervøs og vil ikke have at nogen opdager, hvad jeg laver på toilettet, så jeg skynder på mig selv. Med et decilitermål får jeg hældt den rette mængde pulver i meljævneren og tilsætter koldt vand. Sætter låg på og ryster løs. Men der er muligvis for meget pulver i meljævneren, eller jeg får ikke rystet den godt nok. Jeg hælder den klumpede masse op i et glas og begynder at drikke. Det er næsten umuligt at få ned, så jeg holder mig for næsen. Skyller efter med vand, da jeg har fået et par af de uopløste klumper i munden. Bvadr. Det er svært for mig at føle optimisme omkring denne pulverkur, men jeg *må* tabe mig. Der er ikke andet at gøre end at fortrænge mit ubehag.

Da jeg endelig kommer til USA som 17-årig, vejer jeg stadig 79 kilo, men jeg lover mig selv at tabe mig og komme hjem slank. Det sker ikke.

På trods af at mine spiseanfald ikke fortager sig, mens jeg bor i USA, er mit ophold på flere måder en god oplevelse. Jeg bor hos en familie, som består af en mor og hendes 9-årige søn. Basalt set går det op for mig efter lidt tid, at jeg nok først og fremmest er inviteret ind, for at moren har en live-in babysitter. Det er jeg dybest set noget skamfuld over, uden helt at forstå hvorfor. Hun behandler mig godt, men jeg oplever også mere end én gang, at der kun bliver købt tre billetter til en basketballkamp, og så tager min værtsmor og hendes kæreste afsted sammen med min værtsbror og hygger sig uden mig. Det gør mig ked af det og flov over at blive valgt fra, men jeg vælger at ignorere det og hygger mig med at læse bøger og spise. Jeg bliver fra første dag veninde med Karen, som er på min alder og bor et par huse fra mig, og vi bruger en del tid sammen. Hendes familie tager godt imod mig, og det føles godt. På en måde mere trygt end med min egen familie, for på trods af at de alle er åleslanke, er der ingen af dem, der kommenterer min vægt.

I mine breve hjem til mine forældre er jeg enormt positiv og glad. En enkelt gang skriver jeg, at jeg ønsker mig en sweater *"i elefantstørrelse"* efterfulgt af et *"haha"*. Ellers handler brevene om, hvad jeg laver i fritiden, mine skolefag og hvad jeg får i karakterer, samt hvad jeg bruger penge på. Ofte skriver jeg også, at jeg elsker og savner dem. Men ikke noget dybere omkring min hjemve, min usikkerhed, når værtsfamilien foretager sig ting uden mig, eller min til tider overvældende ensomhed. Og selvfølgelig intet om mine pinagtige tanker omkring min krop og vægt.

Min værtsmors søster, Darlene, har jeg et specielt tæt forhold til. Jeg nyder de weekender, som jeg tilbringer alene hos hende og hendes familie. Darlene er skolelærer og bare virkelig nem at tale med. Jeg taler aldrig med hende om, hvordan jeg har det med min vægt eller min krop, men vi taler om mange andre ting, og hun er kærlig, sød og lyttende. Hendes datter Kari er en smuk pige på 16 år – et år yngre end mig. Kari er indbegrebet af den amerikanske populære teenagepige: køn, sporty og hendes krop er perfekt. Lille, petit og solbrun. Hun er sågar venlig og imødekommende overfor mig, og det er tydeligt, at fyrene flokkes om hende. Jeg er dybt misundelig på hendes krop og det, som jeg tolker, at den giver hende. Det virker som om, hun får et hav af kærlighed, tryghed og opmærksomhed. Men nogle år senere finder jeg ud af, at det, hun ser ud til at have på ydersiden, ikke afspejler de vanskeligheder, hun har på indersiden.

Efter 10 sjove og lærerige måneder i USA kommer mine forældre for at besøge mig i slutningen af mit ophold. Jeg har på ingen måde formået at glemme mit vægtproblem, og jeg har heller ikke tabt mig – tværtimod har jeg taget 7 kilo på og vejer 86 kilo. Jeg lever også i USA på bedste beskub med slankekur "hver mandag" og forsøger at fremstå ubekymret, uanset at jeg er ved at krølle sammen indeni over min krop og min vægt. Da jeg giver min mor et velkomstkram i lufthavnen, hvisker hun i mit øre: "Du har taget på." Jeg tænker ironisk, "Det er også dejligt at se dig!" men jeg kan ikke undslippe den velkendte skam, der vælder op i mig. Det overrasker mig, at hendes fokus som noget af det første er på min vægt. Tror hun ikke, at jeg ved, at jeg vejer for meget? Jeg har ikke har set hende i næsten et år, og så er det de ord, hun vælger. Det spænder i mit bryst og min mave. Jeg vil ikke vise hende, at hendes ord sårer mig, og jeg tænker inderst inde, at hun da må vide, at det er totalt ydmygende. Hvorfor gør hun det? Jeg spørger hende aldrig. Dels vil jeg ikke vise hende, at hendes ord er dybt sårende for mig, dels underlægger jeg mig ubevidst hendes ord og indstilling. Jeg burde ikke veje for meget, og derfor må jeg udholde hendes (og andres) fordømmelse. Den er for længst blevet min.

5

De 7 kilo fra mit år i USA forsvandt af sig selv efter min hjemkomst, hvilket gav mig en form for optimisme. Måske jeg nu kunne tabe mig? Måske jeg var blevet ældre, mere moden, og dermed bedre i stand til at styre, hvad jeg spiste? Men vægten lagde sig på de 79 kilo og blev der. Indtil jeg faktisk fik gennemført min anden succesfulde slankekur. Det skete i forbindelse med, at jeg fik en kæreste på handelsskolen. Han og jeg sås ofte og dyrkede meget sex. Det var en leg, og det var spændende, og samtidig beholdt jeg trøjen på, når vi var i seng sammen. Jeg ville ikke blotte mig for ham. Han havde fortalt mig, at han var flov over mig, fordi jeg vejede for meget, hvilket egentlig kom fra hans far. Faren med den store ølvom mente, at jeg var lige til den buttede side. Jeg var overrasket over at blive mobbet af en voksen mand. Det havde jeg i min naivitet ikke forestillet mig kunne ske. Reaktionen var den samme, som jeg kendte fra tidligere. Jeg blev inderligt ked af det og inderligt rasende.

Raseriet brugte jeg som brændstof til at tabe mig 12 kilo, hvilket dog som sædvanlig skabte en gevaldig ambivalens i mig: Jeg *ville* ikke ligge under for andres fordomme og meninger om mig og min krop, men det gjorde jeg. I dén grad. For jeg havde internaliseret min mors mening og taget den til mig som min egen. Og den sad fast ligesom kiloene.

Kiloene kom på igen. Jeg var i nogen grad åben overfor min kæreste omkring det vanvid med mad og vægt, som jeg følte, jeg var fanget i. Men hverken han eller jeg forstod eller vidste, hvad jeg havde med at gøre. Til gengæld varede forholdet i 3 år, og vi blev meget tætte. Så tætte at jeg fik en dyb og helende følelse af, at jeg for ham var elskelig og værdifuld, uanset hvad jeg vejede.

Da jeg er i tyverne, er min oplevelse af at være i min krop stadig, at uanset om jeg vejer for meget eller tilpas, er jeg urolig indeni. Måske nærmere angst. For at tage på. For at spisetrangen skal vinde. For at andre mennesker skal se, at jeg ikke kan kontrollere mig selv. Og at deres konklusion på min ikke-slanke, ikke-perfekte krop vil være den samme som min: At jeg er et frastødende, skammeligt, uintelligent, dovent menneske, som ikke er værd at elske.

I årene efter at jeg er kommet hjem fra USA, taler jeg fra tid til anden med Darlene i telefonen. Og i en samtale omkring 5 år efter mit ophold, spørger jeg som sædvanlig til Kari. Jeg kan høre på Darlenes tøven, at noget er galt. Kari er blev fundet død af et hjertestop i sin seng. Fremkaldt af den bulimi, som Darlene kort forinden havde fundet ud af, at hun led af. På trods af, at Kari havde fået behandling, var det ikke muligt at få bugt med sygdommen. Det var en virkelig trist nyhed, iblandet en stor undren. Hvordan kunne denne kønne, søde, smukke pige lide af bulimi? Hun havde jo alt, sådan som jeg så det udefra. Det tog mig mange år at forstå, at en spiseforstyrrelse ikke har noget med udseende at gøre. Og at følelsen af glæde, tilfredshed, ro og tryghed heller ikke har.

6

Når det kom til seksualitet, havde jeg fra starten af præpuberteten haft en stor nysgerrighed og lyst. Men i takt med at jeg tog på, følte jeg, som med så meget andet i mit liv, at størrelsen på min krop var i vejen. På den ene side udfoldede jeg min seksualitet med stor nysgerrighed, og på den anden side var jeg sjældent til stede i min krop imens. Da jeg begyndte for alvor at være intim med det modsatte køn i en alder af 14 år og helt op til i 40-erne, udviklede jeg en evne til at virke til at være til stede uden at være det. Af mænd blev jeg opfattet som fri og glad for min krop, fordi det faldt mig nemt at være nøgen med dem. Det var først mange år senere, at jeg fornemmede min ikke-tilstedeværen i min krop. Mine tanker var som regel lidt paniske, jeg var anspændt og mit åndedræt temmelig overfladisk. Jeg ledte efter ansigtsudtryk og udsagn fra den anden for at forvisse mig om, at min krop var god nok. Ofte med en ubevidst frygt for, at jeg på et tidspunkt ville få at vide, at jeg var for tyk.

Når en mand rørte ved visse dele af min krop, som jeg følte var grimme, tykke eller deforme, holdt jeg vejret og forsvandt fra min krop. Uden helt at opdage det selv. Den ubevidste frygt for at frastøde andre med min krop, fik mig til at undgå at dykke ned i min krop, trække vejret dybt og give mig hen. Sex foregik meget oppe i mit hoved, jeg kunne se glad ud og lyde begejstret, men selvom jeg mærkede min lyst, kunne jeg ikke slappe af, når jeg rent faktisk var intim sammen med en mand.

7

Det var for at undgå ubehag, at jeg holdt mig fra min egen krop, men det gav mig ofte det stik modsatte. Det føltes, som om jeg manglede et pejlemærke. I al sin ulykkelige enkelthed manglede jeg kontakt til mig selv. Så jeg måtte forlade mig på ydre omstændigheder til at hjælpe mig med at navigere i livet. Som da jeg skulle vælge uddannelse. Det var ikke muligt for mig at vælge det, som jeg syntes var sjovt og gav mening indeni. Såsom teater, skuespil og dans. I stedet spurgte jeg min far, som meget diplomatisk sagde, at jeg jo skulle vælge det, som jeg havde lyst til. Jeg lyttede bagom hans ord og valgte en lang videregående uddannelse. Det måtte være en tryg vej frem.

Efter en overordentlig succesfuld HH-eksamen startede jeg således på Handelshøjskolen i København. Og flyttede hjemmefra som 21-årig. På Vesterbrogade boede jeg sammen med 3 jyder i en stor herskabslejlighed, hvilket var virkelig hyggeligt og mægtig socialt. Min drøm var, at jeg, når jeg selv kunne bestemme, hvad der var i køleskabet, ville kunne tabe mig. Men det gjorde selvfølgelig ingen forskel, for jeg købte de ting, som gav mig ro, glæde og tryghed. Koldskål og kammerjunkere. Mælkechokolade, vingummi og flødeboller. En hel citronmåne på en middagstallerken spiste jeg med en gaffel. Jeg mærkede ikke meget til mit dårlige selvværd, for jeg havde udviklet en teknik til at undgå at mærke særlig meget. Eller – hvis jeg mærkede noget ubehageligt – at lukke af for det. Undtagen når jeg en gang imellem gik på vægten efter et stykke tid i selvvalgt uvidenhed, og den var steget. 84 kilo! Min mave trak sig sammen indeni, og mit hjerte føltes tungt. Jeg kan ikke se sådan her ud!

På intet tidspunkt satte jeg spørgsmålstegn ved denne angst. Hvad var der reelt at være bange for? Hvorfor var jeg bange for at veje for meget? Jeg godtog min reaktion som sandheden – at overvægten var horribel, en anormalitet, som skulle skyes med alle midler - og forsøgte alt hvad jeg kunne for at tabe mig, samtidig med at jeg gjorde en stor indsats for at skjule min værdiløshed for andre. I mit perspektiv var det eneste, som kunne redde mig fra denne værdiløshed at tabe mig. Komme af med kiloene, fordi jeg troede, at de hang sammen med min værdi som menneske. Det stillede jeg aldrig spørgsmålstegn ved. Samtidig følte jeg en stor grad af magtesløshed, som jeg dog nægtede at anerkende. Jeg ville ikke stoppe op og se på, at de tiltag, jeg gjorde igen og igen, ikke gav mig det resultat, som jeg søgte. Der var kun én løsning – slankekur - og det var ikke en mulighed for mig at give op.

Mit følelsesliv i mine teenageår og godt op i trediverne bestod af to poler. Hvis jeg mærkede noget ubehageligt, tristhed, rådvildhed, håbløshed, så spurgte jeg bogstaveligt talt mig selv: "Er du et sultent barn i Afrika?" Nej, det var jeg jo aldrig. "Så har du ikke noget problem." Jeg kunne simpelthen ikke forstå, hvorfor jeg overhovedet følte noget ubehag, når jeg vitterlig aldrig kunne identificere et problem, og når jeg var så privilegeret, som jeg var. Følelsesmæssigt var jeg analfabet uden nogen form for forståelse for, hvad følelser betød, og hvilken funktion de havde. Andre havde følelser, ja, men jeg ønskede dem ikke. Gennem min opvækst havde jeg bestemt, at de bare gjorde livet besværligt og ulykkeligt.

8

"De gik bare og ventede på, at du tog det hele på igen"
Ordene kom fra en tidligere kollega fra en virksomhed, hvor jeg arbejdede som studentermedhjælp under mine studier. En del år efter at jeg var stoppet. Det gav et sug i maven, og jeg fik nærmest kvalme af skam. Der var dog også noget befriende over den udmelding. Mine tidligere kollegaer gennem de 4 år havde set mig forsøge at tabe mig gennem alle årene. Med svingende succes med hensyn til at holde de tabte kilo fra kroppen. Det var nederlag på nederlag, som jeg måtte finde måder at skjule. Ellers ville følelsen og tanken om at være et patetisk menneske tvinge mig i knæ. Der var også en sårethed over at få omtalt min absolutte akilleshæl – en ukontrollerbar trang til at overspise – som et emne for sladder. Og sidst, men ikke mindst, det chok det var, at det faktisk blev bemærket og talt om.

Igennem de fleste af de 34 år var jeg i stand til at bevare en illusion overfor mig selv om, at ingen forhåbentlig opdagede mine vægtudsving og min, som oftest, tykke krop. Jeg var nødt til at gemme erkendelsen af, at jeg var tyk, og at jeg sjældent kunne holde mig slank, væk. Mit håb var, at jeg kunne narre andre mennesker til ikke at opdage det. Men selvfølgelig gjorde de det. Ikke mange talte dog med mig om det. Det er helt sikkert et tabu at tale om krop og vægt med andre, og det var mig fuldstændig umuligt at skulle åbne op overfor andre mennesker om det. Derfor gav jeg indtryk af, at jeg havde det helt fint. Jeg følte, at jeg *måtte* kunne klare det problem med vægten selv. ”Kom nu, Marlene,” tænkte jeg hver mandag, hver den første osv.

9

Slankebøgerne begynder i starten af år 2000 at få et større fokus på at finde følelserne bag spisningen, således at den sunde livsstil kan bibeholdes. Jeg begynder i det små at forstå, at spisningen er en form for afhængighed, og jeg inspireres til at komme en smule mere i kontakt med mine tanker og følelser. I min dagbog i januar 2000 skriver jeg: *"Jeg føler mig mere glad end jeg har gjort længe. Jeg arbejder på at få mit sande jeg frem – og forme det til en person jeg kan lide."* Lige siden min tidlige barndom havde jeg været optaget af at forandre og forbedre mig selv. Tanken om, at jeg ville ophøre med at være, som jeg var, og blive en ny og bedre person, var tillokkende. Jeg skrev endvidere: *"Jeg har ikke følt trang til en masse slik osv. Det er som om jeg har fundet ro – jeg behøver ikke at proppe mig med alt muligt. Jeg gør det hver dag så godt jeg kan."* Men det var ikke en stabil tilstand, uanset hvor meget jeg ønskede det. Spisetrangen føltes, som om den var udenfor min kontrol, og jeg havde ikke noget varigt værn mod den.

Som afslutning på min kandidatuddannelse skrev jeg min afhandling. Det var lige efter en periode med et succesfuldt 18 kilos vægttab, men jeg følte ikke, at jeg kunne være produktiv med skriveriet og restriktiv i forhold til mad på samme tid. Det faldt mig ikke ind, at jeg muligvis slet ikke havde lyst til at beskæftige mig med den uddannelse. Afhandlingen skulle skrives, så jeg kunne blive færdig med uddannelsen og gå ud og få et godt job. Så jeg spiste billige digestive kiks og drak discount cola light og kastede det op igen. Flere gange om dagen. Imens gik det fremad med afhandlingen, og jeg lovede mig selv, at jeg ville stoppe med bulimien, når jeg var færdig med opgaven. Det var med vemod og frygt, for jeg vidste, at det var ensbetydende med, at jeg ville tage de tabte kilo på igen. Tilbage til en tyk krop og værdiløshed.

Mine perioder med underspisning/slankekur blev uvægerligt afløst af perioder med overspisning – ofte med bulimi som en overgang. Men jeg frygtede at blive rigtig syg af bulimi; jeg kunne mærke det psykologiske hængedynd, som denne sygdom bragte med sig. Det føltes som om, at alle mine værste følelser og tanker blev aktiveret i mellemrummet mellem hver overspisning og opkastning. Som om jeg voldtog mig selv følelsesmæssigt. Det føltes på overfladen skamfuldt og sygt at fremprovokere opkastningerne, og jeg brugte en del energi på ikke at mærke, at jeg rent faktisk kastede op. Det var en biting de 3-4 gange om dagen, jeg gjorde det. Men samtidig havde jeg en underliggende frygt for, at jeg ville være ude af stand til at holde sindssygen fra livet. Så jeg handlede med mig selv:

"Stop med at kaste op efter du har spist, og ja, du må gerne fortsætte med at spise, hvad du har lyst til." Hvilket jeg vidste var den sikre vej til at tage på, blive tyk og mærke værdiløsheden, nederlaget og skrækken for, at mine omgivelser skulle opdage det.

Det er i øvrigt et interessant udtryk: "At spise, hvad jeg har lyst til". Jeg kunne klart mærke, at de ting, jeg spiste, skulle gøre noget for mig. Give mig en bestemt følelse af ro. Som om livet kom på ret kurs efter en bakke flødeboller, vingummier, is og chips. Alt sammen fortæret over kort tid på en enkelt aften. Flødebolle 1 og 2 smagte himmelsk og gav øjeblikkeligt ro, 3 og 4 smagte godt, og tanken om, at der stadig var 8 tilbage, bidrog til roen i mit sind. 5 og 6 smagte ikke af så meget, da smagsløgene havde vænnet sig til sødmen, men det føltes godt og beroligende at blive ved med at spise, 7 og 8 var i samme kategori, mens 9 og 10 begyndte at gøre mig stakåndet, da maven var fuld. 11 og 12 skulle tvinges ned – men jeg kunne underligt nok ikke stoppe og lade dem stå. Efter en halv times tid var der som regel plads igen til mere slik eller is. Roen blev afløst af apati og en overvældende træthed på grund af alt det sukker, som min krop skulle fordøje.

Afhandlingen blev færdig, og jeg kunne kalde mig cand.merc. Jeg var ikke klar over det, men det blev jeg lige så langsomt: Inderst inde var jeg ikke optaget af boglighed, men ville hellere lave noget kreativt. Det var bare umuligt for mig at mærke, og jeg var vokset op med, at "man skal jo bruge sine evner". I mit tilfælde de boglige, som var det, der blev opmuntret hjemmefra. De gode karakterer fik jeg, fordi jeg gjorde en indsats, men det var sjældent supersvært for mig. Det var nemt og overskueligt at få udstukket rammerne og udfylde dem. Meget nemmere end mit kaotiske spisemønster. Gode karakterer var en måde at skære en identitet og værdi ud for mig selv samt få positiv opmærksomhed derhjemme, især fra min far. Så da jeg nu stod med en cand.merc.-titel i hånden, følte jeg, jeg var tvunget til at bruge den. Det, som andre muligvis mente, var en sejr, føltes som en byrde for mig. Jeg følte ikke en stor entusiasme omkring mit studie – især ikke i de senere år – og belønningen for at gennemføre var, at jeg skulle fortsætte med at præstere ude i erhvervslivet. Men jeg formåede at sætte en optimistisk mine op for mig selv og andre.

Kort tid efter fik jeg et af de første job, jeg søgte. En marketingstilling i en stor dansk virksomhed, som havde international dominans. Der gik jeg ind ad glasdørene med mine 75 kilo, og 1,5 år senere stoppede nålen ved 105. Presset indeni mig var ikke blevet mindre af, at jeg fik et job, hvor jeg skulle præstere på en måde, der dybest set ikke interesserede mig. Jeg følte mig overvældet og malplaceret, mens jeg hver dag forsøgte at fixe mig selv, så jeg kunne arbejde i det job, i den virksomhed. Jeg fortalte mig selv, at jeg havde landet mig et fantastisk job, og det gjorde min omgangskreds også. Men det var ikke muligt for mig både at passe mit arbejde og samtidig spise fornuftigt. Det var enten eller.

Når arbejdsdagen var slut, begyndte jeg allerede i bussen på vej hjem at fantasere om de ting, som jeg ville have at spise den aften. Der skulle være noget salt såsom chips, som repræsenterede en slags aftensmad. Eller det kunne være krydderboller med smør. Der skulle være noget chokolade i form af chokoladelinser, flødeboller eller en plade Marabou. Der skulle være en pose sukkerslik, fordi ... det skulle der bare. Når jeg handlede ind i supermarkedet efter endt arbejdsdag, kunne det godt tage lidt tid at få samlet alle de dejlige skatte, som skulle hjælpe mig den aften. Hver dag var ny i forhold til, hvad mit sind følte kunne tilfredsstille. Men det var altid sukker og fedt.

De 105 kilo var en anderledes fornemmelse for mig, da jeg hidtil var stoppet ved de 89. Min krop forandredes voldsomt, det nev i rygdellerne, og mine bevægelser blev hæmmet af mine bryster, der var vokset godt. Jeg mærkede både skræk og forundring. Det føltes som om, der var et oprør i gang indeni mig. "Ok, så du vil ikke lytte? Så spiser jeg da bare derudaf, indtil du for fanden vågner op og begynder at mærke noget!"

Min løsning blev endnu engang at kæmpe mig af med kiloene. Uden at være klar over hvorfor, havde jeg denne gang ventet med at reagere på min vægtstigning, og jeg brød mig slet ikke om at veje over 100 kilo. Intet af mit tøj passede, dellerne flød, og jeg mærkede en smerte i mit højre knæ, hver gang jeg gik på trapper. Når jeg ser tilbage på det, må jeg havde været i en slags chok over at tage så meget på. Men jeg talte ikke rigtig med nogen om det. Mine kollegaer må have undret sig, men min ubekymrede facade fik dem til ikke at spørge. I en slags desperation besluttede jeg mig for bare at spise så lidt som muligt. Det var ikke min favorit at spise så lidt, men jeg ville bare af med nogle kilo, og motivationen var med mig. Jeg spiste et par måltidserstatningsbarer om dagen og et måltid hist og her. Det fik mig til at tabe de første 9 kilo, men jeg havde stadig langt igen. Jeg ville lykkes med at blive slank, men jeg fornemmede også, at jeg ikke kunne fortsætte den skrabede kur, jeg var i gang med.

10

"Det naturlige vægttab"

Slankekure var nu nærmest yt og livsstilsændring var in. Jeg læste en bog om emnet skrevet af en psykoterapeut. Hun havde aldrig selv været overvægtig, men havde en kærlighed til denne niche. Jeg følte, at hun kunne hjælpe mig, fordi hendes bog fascinerede mig. Tænk, hvis jeg kunne opnå en form for naturligt forhold til det at spise, hvor jeg kunne blive slank og ikke skulle slås med mig selv og mine tanker og lyster. Jeg fik snakket med en veninde om min plan – en af de få, som jeg åbnede mig for – og trods stærk nervøsitet og ubehag, fik jeg ringet og bestilt en tid. Selvom jeg havde fået rådgivning før, så følte jeg, at terapi var et stort skridt. Skammen sad i mig over, at jeg ikke kunne klare noget så simpelt som at tabe mig og holde vægten af mig selv.

Forløbet hos slanketerapeuten gik godt. Hun bad mig om, som noget af det første, at se mit fremtids-jeg for mig. Hvordan jeg så ud, hvad jeg følte, hvordan jeg bevægede mig osv. Dette billede kunne jeg fremdrage, hvor end jeg var, og det hjalp mig til at huske mit mål. Det gav mig glæde og noget at se frem til. Den slanke version af Marlene. Der hvor mit liv ville blive godt igen. Der var også en øvelse, som fik mig til at mærke maden i maven inden jeg spiste den – igen meget hjælpsomt. Jeg fik også kigget på andre dele af mit liv, og hvordan det fungerede. Da jeg fortalte hende, hvordan jeg havde det med mit arbejde, udbrød hun: "Tror du ikke, du skal have et andet arbejdet?" Men det faldt mig slet ikke ind. I mit sind skulle jeg blot have rettet op på mig selv, så jeg kunne udfylde min plads på arbejdsmarkedet. Jeg anså mig selv for at være defekt og det, derude, som værende det rigtige. Så snart jeg fik styr på mig selv (min krop), skulle jeg nok kunne klare livet på en bedre måde end nu.

Jeg var også forbi lægen (en ny én), fordi jeg til tider følte mig ude af stand til at passe mit arbejde. Det føltes ikke som en depression, men jeg kunne have et par dage ad gangen, hvor jeg ikke kunne komme ud af sengen og ikke kunne trække vejret frit. Som om en elefant sad på mit bryst. Angsten sad tungt på mig, blandet med ulyst til livet. Den var svær for mig at forklare for mig selv. Jeg havde jo ikke nogen problemer overhovedet. Jeg kunne bare ikke finde ud af det.

Min læge var ganske fornuftig at tale med, så det gjorde vi nogle gange. Om det at være en ordentlig skattebetalende samfundsborger f.eks. Jeg havde påtaget mig en overdreven ansvarsfølelse overfor samfundet og det, at jeg skulle bidrage med skattepenge og ikke ligge nogen til last heller. Jeg havde sågar udregnet, hvad jeg havde kostet samfundet i uddannelse og SU for at se, om min skattebetaling snart havde udlignet udgiften. Lægen mente, at det var en udmærket egenskab at have, for som han lakonisk bemærkede, var det nok nemmere at slække på sådan en indstilling end at opbygge den fra det modsatte udgangspunkt. Men det stod klart for os begge, at jeg var nødt til at begynde at se på, hvad *jeg* ønskede mig og havde lyst til og mindre på, hvad samfundet havde brug for. Jeg kom frem til den konklusion, at samfundet må ønske sig en borger, som fungerer, og som er glad og tilfreds. Uanset hvad den borger så end laver.

Med hjælp fra slanketerapeuten tabte jeg mig ved en livsstilsændring og ikke en decideret slankekur, som jeg forklarede omverdenen. Og alligevel var der noget meget kontrolleret over min spisning. Jeg vidste præcis, hvor mange kalorier jeg indtog, og jeg vejede mig hver dag. Det var som en rus at have tabt nogle hundrede gram og gå fra f.eks. 90-erne til 80-erne osv. På 10 måneder tabte jeg 40 kilo og endte på 65. Min drømmevægt. Nu kunne mit drømmeliv begynde. Jeg sagde mit job i den store internationale virksomhed op og tog vikarjobs, så jeg lige nøjagtig kunne klare mig selv.

Det var en spændende og lys tid på flere måder. Arbejdet jeg tog var ustressende, og jeg havde god tid til at pleje mig selv. Jeg begyndte at løbe og endte med at løbe et halvmaraton over Øresundsbroen. Det føltes som om, at jeg vitterlig havde magten til at opnå hvad som helst, jeg satte mig for. Jeg følte mig inspireret til selv at hjælpe andre til at tabe sig, for det var tydeligvis noget, som jeg var rigtig god til. Da jeg havde været sådan en god elev, mente terapeuten også, at jeg kunne hjælpe hende i hendes forretning. Så jeg assisterede på hendes vægttabs- og livsstilskurser, mens jeg selv begyndte at uddanne mig indenfor Neurolingvistisk programmering (NLP); metoden, som havde hjulpet mig rigtig godt til mit vægttab.

11

"Kan du ikke bare lade som om!?"

Den unge kvinde i stolen vrider sig og svarer undvigende på spørgsmålene. Hun kan ikke lige finde ind til sin følelse i øjeblikket, hun kan ikke lige udtrykke, hvad der foregår. En ustyrlig vrede og irritation sidder i min krop, og jeg holder nærmest vejret. Udenpå holder jeg min krop helt stille og smiler venligt. Hun pisser mig voldsomt af. Hun er min medstuderende, og jeg er observatør på en øvelse, hvor hun er klient. En tredje medstuderende har rollen som terapeut. Hvad der pisser mig så grueligt af er, at "klienten" ikke tager sig sammen og bare svarer på spørgsmålene i øvelsen, men ligefrem insisterer på at mærke efter. Og give udtryk for hvad hun føler. Fuuuuck, det er bare for meget for mit system. Ret nu ind! Jeg er lige ved at skrige hende ind i hovedet: "Kan du ikke bare lade som om!?" Hvad er hun for en krukke, der sidder der og optager alles tid med noget, "der ikke føles rigtigt", eller "noget hun ikke sådan lige kan føle". Jeg er voldsomt vred, men jeg bliver også voldsomt misundelig, da jeg oplever, hvordan underviseren og terapeuten rummer hendes vanskeligheder med at udføre øvelsen. Hun får lov at tage plads og udtrykke sine følelser. Jeg har det, som om jeg overværer den første månelanding. Fremmed territorie er ikke ordet. Jeg er målløs. Også over mig selv og min vrede mod hende. Vi øver os på terapeutiske metoder, og jeg ønsker, at hun bare skal lade som om. Sådan som jeg jo altid havde været så god til. Ikke optage nogens tid eller ressourcer. Klare mig selv og ikke belemre andre. Ikke risikere at mærke ydmygelsen ved at vise, hvad jeg egentlig følte. Så jeg blev selvfølgelig misundelig på den respons, som hun fik. Støtte og empati. Det var en ny og anderledes oplevelse, som fortalte mig, at jeg nok var havnet det rigtige sted. Det føltes godt.

Jeg endte med at læse alle 4 år af NLP-uddannelsen og blive NLP psykoterapeut. En af grundene til, at jeg blev hængende og læste alle de år, var, at jeg fornemmede en ganske fremmed, men befriende ærlighed. Hvert modul startede vi med en runde á la: "Hvordan har du det?", og ved modul nummer to oplevede jeg, hvordan én af mine medstuderende fortalte, at hun var ved at sætte nyt hus i stand. Og at hun hellere ville være derhjemme end her. Sådan helt ærligt. Jeg var paf. Tænk, at hun bare sagde sådan, når hun nu selv havde valgt at være her. Hvor pinligt for underviseren at have en studerende, som egentlig hellere vil være et andet sted. Men det var ikke sådan, det blev opfattet, og jeg fornemmede hurtigt, at det ikke drejede sig om uvilje – det drejede sig om ærlighed lige her og nu. Hvordan har du det? Mit svar kunne være: "Det ved jeg ikke, hvad synes du?" Jeg mærkede instinktivt, at på trods af dens fremmedartethed var denne ærlighed god for mig. Det føltes befriende og anderledes. Tænk, hvis jeg en dag kunne udtrykke mig lige så frit!

At uddanne mig til psykoterapeut kunne ikke lige rette op på min forstyrrede måde at spise på. Jeg var glad for uddannelsen og mine nye færdigheder, og jeg nød at tale med folk om *deres* problemer. Flere klienter inspirerede mig med deres åbenhed, men det fortalte jeg dem ikke. Jeg anede blot selv, at jeg var blevet mere åben, men at jeg stadig gemte på meget af mig selv. Blandt andet mit ekstreme selvhad og skam i forhold til min krop. Det lykkedes mig aldrig at komme ind på det emne, når jeg selv talte om mit "vægtproblem". I det hele taget måtte jeg indse, at jeg ikke var så god til at tale om mig selv. Hvis jeg ville fortælle noget smertefuldt eller besværligt, fik jeg en stærk skamfølelse, mit åndedræt blev overfladisk, og min mave og bryst trak sig sammen. Eller jeg havde flashes, hvor jeg så mig selv udefra i et grotesk lys. Hvis jeg uforvarende kom til at græde, føltes det skamfuldt, og som en refleks fik jeg lukket ned igen. Jeg følte et indre pres for at komme ud med nogle ting, fortælle om mit indre, men det kunne ikke komme forbi en form for reflektorisk lukkemekanisme ind til mit indre kaos. Der kunne ikke rigtig slippe noget ud.

12

Stoltheds- og sejrsfølelsen over mit 40 kilo vægttab var stor, og samtidig kunne jeg begynde at åbne op overfor mine omgivelser om, at jeg havde haft et problematisk forhold til mad, og at jeg til tider havde lidt af bulimi. Da jeg ikke kendte til BED, vidste jeg ikke, at jeg havde en spiseforstyrrelse allerede i 13-års alderen. Jeg var bare virkelig lykkelig for at være sluppet af med kiloene ”på en sund måde” og komme væk fra den ulidelige skam, der forfulgte mig, når jeg var tyk. Troede jeg. For jeg opdagede flere interessante ting som slank. Hvis jeg spiste noget i andres påsyn, kunne jeg pludselig få en skarp sammentrækning i brystet, nærmest som et chok, og samtidig kom tanken: ”Kan jeg tillade mig at spise der her?” Som om jeg havde forglemt mig selv og var i gang med noget forkert. Når den fornemmelse og tanke opstod, kiggede jeg hurtigt ned af min slanke krop og kunne med stor lettelse sige til mig selv: ”Det er ok, du er slank.” Som om slankhed var et værn mod hån og fornedrelse.

En dag tog jeg mig selv i at stige ind i bussen og gå ned af mellemgangen. Jeg var på vej til fest og havde gjort noget ud af mig selv, men da ingen rigtig kiggede på mig og beundrede mit udseende, følte jeg et stik af usikkerhed og sorg: "Kom nu, se mig nu, se hvor slank og smuk jeg er blevet." Selvfølgelig fik jeg masser af komplimenter, som jeg solede mig i – og inderst inde fik værdi af – men det var ikke nok. Alle mænd i hele verden skulle helst finde mig attraktiv. Det var en skamfuld erkendelse, så jeg delte den ikke med nogen. Men følelsen af "spildte kræfter" lurede.

Derudover oplevede jeg, at jeg havde en ubændig trang til at spise sødt, lige når jeg kom hjem fra arbejde eller senere på aftenen. Og min måde at kontrollere mig selv på var forvirrende for mit indre. Nogle gange bed jeg tænderne sammen eller købte søde sager og forsøgte med svingende held at begrænse mit indtag, hvilket var virkelig svært. Andre gange gav jeg efter opfyldt af selvmedlidenhed og spiste en hel pose slik. På vej hjem på cykel oplevede jeg en dag, hvordan tanken om en halv pose massakrerede og knuste vafler, der lå hjemme i min skraldespand, fyldte hele mit sind. Dagen før havde jeg købt og spist en halv pose, og det var lykkedes mig at stoppe op og smide resten ud. Inden jeg smed dem ud, havde jeg fornuftigt nok banket løs på posen, således at vaflerne var blevet til smulder. Det havde jeg tænkt ville gøre dem uspiselige for mig senere. Men jeg styrede lige hjem og med to fingerspidser fik jeg fat i posen blandt det andet skrald. Kagesmulderet hældte jeg ud i en dyb tallerken og spiste det med ske. Jeg følte en stor ro og glæde over at få fat i smulderet, mens jeg samtidig ignorerede en følelse af forkerthed og skam. Fra skraldespanden, for fanden! Det var ikke sult, der drev mig. Men jeg kunne ikke pege på, hvad det så var. Jeg var "bare" vant til at regulere mit indre, mit humør og mine kropsfornemmelser med søde sager.

En aften fik jeg en begyndende mavepine i den øverste del af maven, som udviklede sig til at blive mere og mere pinefuld. Jeg ringede til sidst til vagtlægen, fordi jeg ikke kunne udholde at være nogen steder. Jeg vandrede rundt i min stue, sad lidt i sofaen og ømmede mig, vandrede lidt rundt igen. Da jeg fik besked om, at der ville gå mellem 2-4 timer, før lægen kunne komme, gik jeg i desperation ned i kiosken og købte 200 gram Smarties. Mens jeg sad i sofaen og spiste de kulørte chokoladelinser – langsomt og én ad gangen, da jeg havde en voldsom mavepine – var vanviddet klart for mig. Jeg kunne ikke være nogen steder for mavesmerter, maven ville ikke modtage noget, men jeg fyldte den med chokolade. Fordi det var den måde, jeg var vant til at være god ved mig selv. Hjælpe mig selv. "Du skal ikke være bange, her er noget chokolade." Jeg fortalte det ikke til lægen, da han endelig kom og gav mig noget smertestillende. Men jeg var flov indeni. Hvorfor gjorde jeg det her ved mig selv?

13

"Dum, fed og grim"

Da jeg jo beviseligt var slank, kunne jeg begynde at opdage endnu flere dybe overbevisninger, som var fejlskud, hvilket mit indre ikke var opdateret med. Som en automatreaktion. Jeg havde en kæreste, og han fik til tider aktivereret en følelsesmæssig tilstand i mig, der hed "dum, fed og grim." Det kunne f.eks. være, hvis jeg følte mig ignoreret eller afvist. Det var en pinefuld fornemmelse af skam indeni, som altså udmundede i de tre ord til mig selv. Dum. Fed. Grim. Jeg vidste godt, at jeg ikke var nogen af delene – på det tidspunkt var jeg jo netop slank – men følelsen i kroppen var meget insisterende, når den først blev vakt. Det tog mig en del tid at få den pakket væk igen.

På trods af min fornuftige kostomlægning – som set i bakspejlet var en relativt skrap kur - dukkede spisetrangen mere og mere regelmæssigt op i mit liv. Dybest set troede jeg ikke rigtig på, at jeg kunne klare mig uden den ro og tryghed, som mad gav mig; jeg ønskede det muligvis heller ikke. I takt med at jeg tog på, forsøgte min tidligere slanketerapeut, nu samarbejdspartner, at huske mig på de metoder, som jo hjalp så fint, mens jeg tabte mig. Se dit fremtids-jeg for dig osv. Hun kunne ikke bruge mig til så meget i en vægttabsforretning, når jeg tog på. Jeg brød mig heller ikke om at tage på, det gav mig en stigende nervøsitet. Hvorfor var det så svært? Det eneste, jeg skulle gøre, var at sørge for at holde vægten indenfor 1-2 kilo. Det antal kilo kunne jo aldrig blive et problem, Men jeg vågnede oftere og oftere op og lovede mig selv at spise fornuftigt for så at overspise i slutningen af dagen. Og jeg havde ikke lyst til at veje mig hver dag for at se, at katastrofen langsomt nærmede sig, og jeg ville falde tilbage i kategorien: "Dum, fed og grim". Denne gang - eller *endnu* engang – med et nederlag mere i bagagen. Det var så offentligt det der med vægten. Jeg kunne skjule 4-5 kilo, men ikke 7-8 af dem. Nu var jeg igen fanget i en cyklus af at tage 5 kilo på og tabe 3. Tage 4 kilo på og tabe 2. Det var ikke en måde, der var værd at leve på, det var alt for fornedrende, udmattende og ødelæggende.

14

"Du kunne tage livet af dig selv"
Nogle morgener lå jeg i min seng og frygtede dagen og den spisetrang (og voksende krop), som jeg følte, var umulig at komme af med. Jeg følte mig fed, håbløs og doven og orkede ikke tanken om endnu en dag i kamp med maden og kroppen. "Du kunne tage livet af dig selv." Tanken virkede voldsom og provokerende, og den var formet af en stille desperation. Den gav også øjeblikkeligt en vis ro og plads indeni til at mærke mere efter. Som om et pres blev løftet fra mine skuldre. Min første tanke var, at hvis jeg skulle dø, så kunne jeg lige så godt spise, indtil jeg døde. Det føltes som en lidt vanvittig tanke, men den var også tillokkende; at spise lige hvad jeg havde lyst til uden frygt og så leve (og dø) med konsekvenserne. Senere har jeg spekuleret på, om nogle af de morbidt fede mennesker, som findes i verden, måske tog en sådan beslutning på et tidspunkt.

Jeg kunne mærke, at jeg havde lyst til at leve – i frihed. Ikke i et mad- og vægtfængsel. Dengang vidste jeg endnu ikke, at fængslet nærmere var min overbevisning om, at min krop var et problem, der skulle løses. At jeg havde sat lighedstegn mellem min vægt og min værdi som menneske. Min fantasi kredsede mere om at vandre ud af mit liv og ind i et andet liv. En slags flugt til den anden side af jorden, hvor ingen kendte mig og ikke havde nogen forventninger til mig. Igen mærkede jeg en nysgerrighed – forventninger? Jeg kunne ikke rigtig se, at der var nogen i mit liv, som havde forventninger til mig andre end mig selv. Det var dog også tydeligt for mig, at jeg havde opbygget et image, som en meget glad og ubekymret person, der klarede stort set hvad som helst. Med et smil. Jeg følte mig meget ensom i den illusion, jeg havde opbygget. Efter nogle tankerækker mere kunne jeg stå op og begynde dagen. Lidt mere optimistisk og med lidt mindre indvendigt pres.

En anden stor redning var min evige drøm: "Når jeg en dag bliver slank …" Den var konstant med mig, og nogle gange, når jeg havde brug for at blive muntret op eller skulle i gang med endnu en slankekur, fantaserede jeg. Om alt det en slank krop skulle give mig. Tryghed, anseelse, værdighed, kærlighed og harmoni. Jeg fantaserede om, at slankheden ville tiltrække en mand, der kunne elske og begære mig. En mand, der ville beskytte mig og give mig tryghed. Ville vise mig frem og være stolt over at blive set sammen med mig. Sikken vidunderlig følelse den fantasi gav indeni. Det mest perfekte tidspunkt for mig at eksistere på, har jeg senere identificeret som tidspunktet, hvor jeg endnu ikke var gået på en ny slankekur og derfor kunne spise, hvad jeg ville, samtidig med at jeg planlagde at gå på kur i morgen. Det vindue af tid var guddommeligt, fordi det gav mig det bedste af begge verdener. Spise løs og være slank, om end i drømme, på samme tid.

15

"Jeg giver op"

Vægten blev aldrig 3-ciftret igen, men efter 6 år havde jeg taget 20 kilo på. I de 6 år havde jeg kæmpet og skiftevis taget på og tabt tæt på 100 kilo. Skam, ærgrelse, optimisme og glæde blandede sig med hinanden – på den måde var de 6 år ikke anderledes end de foregående år siden 13-års alderen. Men en dag i februar 2010 kom der en ret ny tanke til mig: "Det her kan du ikke løse." Jeg havde ikke længere fantasi til at forestille mig, at jeg ville kunne foretage mig noget, som kunne afhjælpe situationen med mad og vægt. Jeg havde prøvet alt, hvad der stod i min magt. Min spisning føltes for en stor del som værende udenfor min kontrol. Ligeså min vægt. Hvis jeg var i tvivl, kunne jeg jo blot se på resultatet. Jeg vidste, at jeg var intelligent og kapabel. Men det her kunne jeg ikke løse.

Før i tiden havde jeg kunnet bilde mig selv ind, at "hvis jeg bare havde flere penge og kunne købe en personlig træner", eller ”hvis bare jeg ikke skulle lave mad selv”, at så ville det gøre en forskel. Men jeg var blevet fuldstændig klar over, at ingen penge eller privilegier i hele verden ville kunne løse mit problem. Et godt eksempel, som jeg mindede mig selv om, var den ukronede dronning af talkshows, Oprah Winfrey. Jeg havde fulgt hendes kamp mod kiloene og havde selvfølgelig købt hendes slankebog. Men uanset at hun kunne købe sig en personlig træner 24/7 eller en kok for den sags skyld, kom kiloene tilbage. Også psykologsamtaler og coaching kunne hun købe i lange baner. Det ændrede ikke nævneværdigt ved hendes kropsform i det lange løb.

Tanken om endnu engang at vågne op en mandag morgen og tro på, at nu ville jeg besejre min krop med min sædvanlige ”viljestyrke”, og ”hvis du ønsker dig det stærkt nok, så vil det lykkes” var forduftet. Jeg ønskede mig inderligt en anden krop, jeg følte stadig, det var det eneste, som kunne redde mig. Der var bare ikke mere luft i ballonen. Og jeg mærkede en snert af en rebel indeni mig, der sagde: ”Jeg orker ikke længere at gøre noget ved det.” For første gang i mit liv var jeg færdig. Besejret. Det føltes inderligt frygtindgydende.

Og nyt og befriende.

Hvad så nu?

“

I COULDN'T HEAL BECAUSE I KEPT PRETENDING I WASN'T HURT

TIMOTHY HEARD

Anden del

16

"Hvad hvis du tager 20 kilo på?"
Min kæreste kiggede misbilligende på mig. Jeg ville gerne forklare ham, at jeg måtte indse, at jeg ikke kunne løse mit spiseproblem, og at jeg dybt inde følte, at jeg måtte stoppe med at forsøge. For mig var det en stor og anderledes nyhed. Det fjernede et kæmpe pres på mig selv. Og jeg anerkendte, at jeg ikke havde mere energi til at forsøge igen, og at det var ok at stoppe op. For ham var det lig med, at jeg gav op. Men som jeg prøvede at få ham til at forstå, ville jeg ikke som sådan give op. Jeg havde bare ikke noget nyt at forsøge med, og jeg følte, at alt, hvad jeg havde gjort indtil videre, ikke gav mig det ønskede resultat. Hvis ikke de handlinger, som jeg havde foretaget mig, kunne afhjælpe mit forhold til spisning og min vægt, hvad var der så at gøre? Jeg forklarede ham, at jeg ønskede at stoppe kampen og se, hvad der så skete. Og at jeg rigtig gerne ville have hans opbakning til det. Han var skeptisk og mente, at jeg nu gav mig selv carte blanche til at ligge på sofaen og spise mig endnu større.

Det var ikke rart at blive mistroet og ikke forstået, men jeg lod mig ikke forstyrre af hans frygt og mangel på indsigt i den sygdom, som jeg på det tidspunkt havde levet med i 24 år. Det stod mig klart, at jeg var færdig, og at jeg ikke havde nogen ny horisont. Andet end at foretage mig absolut intet med hensyn til mad og vægt, indtil noget anderledes viste sig. Jeg følte instinktivt, at det måtte der gøre.

Som et lille kompromis gik jeg til en ny psykoterapeut, som kendte til spiseforstyrrelser. Det var en meget anderledes oplevelse at troppe op hos hende og sige lige ud af posen: "Jeg har et problem med mad og den måde min krop ser ud, og jeg har ikke tænkt mig at gøre noget ved det." Jeg havde tillært mig selv at handle mig ud af det meste, så at sige, at jeg var ked af noget, som jeg ikke var villig til at gøre noget ved, ville mit gamle jeg fnyse af. Men jeg mærkede en stærk kraft i min ærlighed. At jeg godt måtte føle, at noget var svært uden partout at skulle kunne løse det. For det havde jeg jo indset – jeg kunne ikke løse mit problem med spisning.

Fra det udgangspunkt kunne vi begynde at opdage nogle nye ting. Hendes største funktion i mit liv på det tidspunkt blev at støtte mig i, at jeg ikke ville foretage mig noget i forhold til mad og vægttab. Allerede den første gang på vej til hendes adresse gik jeg ned ad Skindergade i det indre København, og ud af det blå kom den tanke og fornemmelse til mig, at jeg var et helt normalt menneske. Ikke *på trods af* min vægt. Simpelthen bare fordi jeg var til. Det føltes vidunderligt. Som en flygtig duft fra en udsprunget rose. Så fin og sart en fornemmelse, som jeg ikke kunne mindes at have følt før. Det gav mig lidt håb og optimisme, nu da jeg var ved at forlade mit gamle tankesæt. For selvom jeg var helt klar over, at jeg var måtte afvente noget nyt, var der en stor del af mig, som frygtede, hvad der ville ske, og hvad der skulle blive af mig. Jeg var glad for, at det umiddelbare pres, som jeg havde sat mig selv under i 24 år, var væk, men jeg var ikke glad for min krop og min vægt.

Det blev et voksende dilemma, at min kæreste gik op i min vægt. Da jeg mødte ham, havde han ikke udtrykt et problem med den, og jeg følte, at hans frygt satte gang i nogle gamle mønstre hos mig. Jeg følte mig negativt bedømt på min vægt, og hans tvivl på mit ønske om at give mig selv lov til bare at være et menneske – om end et overvægtigt ét af slagsen – gav mig følelsen af, at jeg ikke kunne stole på ham med mit inderste. Han forstod mig ganske enkelt ikke, og han kunne ikke sætte sig ind i, hvad jeg havde udsat mig selv for gennem årene. Jeg forlod ham ikke, selvom jeg kunne se, at hans indstilling til mig gjorde det næsten umuligt for mig at give mig hen til ham. I stedet skiftevis anglede jeg efter hans sympati og forståelse eller var ekstremt vred på ham. Det var ikke kønt eller brugbart, men det var en vant følelse for mig. Som med min mor, der kritiserede min vægt i en ung alder, underlagde jeg mig hans vurdering (jeg troede stadig på det tidspunkt, at der var noget galt med mig, baseret på hvad jeg vejede), men under en indre protest. Jeg ville ikke sige det højt til ham –

præcis som dengang til min mor – men spørgsmålet, som jeg inderst inde stillede både ham og hende var: "Hvorfor kan du ikke bare elske mig, som jeg er?" Men spørgsmålet var til mig selv. Hvordan kunne jeg bede om det fra andre, som jeg fandt fuldstændig umuligt at give mig selv? Det, jeg oplevede i intime relationer var, at min egen indre frygt blev spejlet tilbage til mig.

Gennem det næste halvandet år tog jeg 10 kilo på og vejede 96 kilo. Jeg holdt fast i ikke at foretage mig noget omkring min mad og vægt, før noget føltes rigtigt. Den følelse kom i august 2011, hvor jeg besluttede at tage en måneds ophold på et behandlingssted i Californien, USA. Det var en metode, der hed The Work, som jeg havde stiftet bekendtskab med nogle år tidligere og genopfrisket på en tur til New York City med en veninde. Det kostede 110.000 kr., som jeg hurtigt skaffede via min bank. Jeg havde på det tidspunkt et godt lønnet job som administrationschef i en mindre fond. En måneds ferie blev aftalt med min chef, som jeg satte ind i sagerne. I mailen til ham var jeg ærlig og skrev, at jeg måtte gå i behandling for en spiseforstyrrelse. Hans reaktion var: "Selvfølgelig skal du det."

17

"Det her mad gør det ikke for mig!"

Tallerkenen står foran mig fuld af grøntsager, en smule ris og lidt kidneybønner. Synet af den gør mig rasende. Det føles så fornedrende, at jeg ikke kan skjule min vrede. Vred på mad?! "Come on!" Vreden sætter sig som kvalme, og selvom jeg ved, at der ikke bliver serveret andet, kan jeg ikke få mig selv til at spise. Der vil ikke noget ned i min mave; der er helt lukket af. Jeg nægter. En af assistenterne spiser denne aften med. Måltiderne foregår i stilhed, så jeg behøver heldigvis ikke forklare noget, men jeg ved, at hun bagefter vil spørge til, hvad det handlede om. Jeg hader ikke at kunne være den gode elev, og jeg hader, hader, hader, når jeg ikke kan skjule, hvad jeg føler. At jeg bliver så transparent, når jeg ikke kan spise, som jeg har lyst til. Jeg føler mig udstillet og sårbar. Hvor kommer al den vrede over et måltid mad fra? Måltidet ender i skraldespanden, og jeg gør mit bedste for at forklare assistenten, hvad der skete under måltidet. Hun er forstående og opfordrer mig samtidig til at spise uanset hvad, næste gang. Det vil jeg gerne.

Efter det måltid har jeg forstået tre ting. Jeg kan ikke lide at vise mine følelser, og jeg kan ikke lide at være ude af kontrol med dem. Og jeg har en indre stemme, som fornedrer mig: "Du er fed, så du kan få salat og intet andet." Menuen er ikke lavet med henblik på en slankekur, men som en udelukkelse af enhver form for stimulans, således at vi kan få mere kontakt til vores indre.

Det går bedre som dagene skrider frem. Jeg nyder at være i solrige Californien i den lille hyggelige by, Ojai. Huset vi bor i er et tidligere Bed & Breakfast, og vi har hvert et stort værelse med tilhørende badeværelse. Haven er fuld af duftende rosenbuske og andre smukke blomster. Det daglige program er fra morgen til aften, og der er mange elementer. Lige fra at gå en meditativ morgentur, yoga og lave The Work til en udflugt hver lørdag. Den eneste kontakt jeg har med dem derhjemme, er et opkald til min kæreste hver søndag, der må vare 10 minutter. Husets beboere spiser frokost og aftensmad sammen – morgenmad er ikke obligatorisk, men jeg kan vælge at spise 4 dl frugt, hvilket jeg gør de fleste morgener. Derudover er der en aftensmoothie, som jeg dog ofte springer over. Den laves med vegetabilsk mælk, og jeg er bange for, at den vil smage af fortidens kvalme slankepulver. Da jeg endelig smager den en dag, er den ganske fortrinlig og bliver et lækkert afbræk fra "bønner, ris og grøntsager".
Vi er mig og to andre – en amerikansk kvinde og en tysk mand, og vi skiftes til at lave maden ud fra nogle konkrete retningslinjer. Jeg overvejer ikke at snyde – jeg har betalt for

meget for ikke at gennemføre, som de anviser. Men der er dage, hvor jeg lægger mærke til, at jeg er i et vanvittigt dårligt humør, som jeg normalt ville spise væk. Men jeg er ikke meget for at tale om det, fordi jeg skammer mig over det. ”Græder du over, at du ikke kan få chokolade, nu må du holde op! Tag dig sammen!” Jeg åbner mig kun langsomt, og det føles sjældent sådan rigtig godt.

Én ting snyder jeg med. Vi må kun veje os hver tirsdag, men det er fuldstændig umuligt for mig at undlade at veje mig hver morgen - naturligvis efter toiletbesøg og inden morgenmaden. Så jeg sniger mig ned i bryggerset ved siden af køkkenet, hvor vægten står, smider tøjet og hopper op. Hver dag er der røget nogle hundrede gram, og jeg føler den velkendte glæde og optimisme. Jeg er på vej til at blive slank.

En lørdag skal vi på udflugt og cykle 5 km. Jeg er overbevist om, at jeg har spist for lidt og forkert til at kunne udholde sådan fysisk aktivitet. På kun ”ris, bønner og grøntsager”. Men jeg kan sagtens cykle, min krop er ikke i underskud, og jeg bliver glad over at mærke mine kræfter.

18

"Jeg er frastødende og skulle aldrig være født"
Ordene dukker op i mig, og jeg er begejstret som et lille barn over, at de har vist sig for mig. Endelig har jeg fået hul på den "sorte boks", som jeg længe har kunnet mærke i min mave, men som jeg ikke har anet, hvad handlede om. Jeg vil skynde mig at fortælle Jim, som mediterer sammen med mig, hvad jeg har opdaget. Men på vej ud af min mund mister sætningen ligesom sit momentum, og jeg forsøger igen. Flere gange. Det er som Sisyfos, der skubber stenen op ad bjerget, men lige inden toppen triller den tilbage igen. For samtidig med min begejstring er jeg rædselsslagen for at skulle sige den sætning højt. Hvad vil Jim tænke, hvis han finder ud af, at jeg tænker sådan om mig selv? Skammen hiver i mig, men jeg *vil* sige det højt og befri mig selv fra tanken. "I am repulsive and I should never have been born," siger jeg tøvende og mærker, hvordan min mave har snøret sig sammen, og jeg holder vejret. Til min skræk begynder tårerne at trille ned ad mine kinder, og jeg er ude at stand til at stoppe dem. Åh, så skamfuldt

at ligge og tude over … hvad? Hvad er det for en sætning, som har ligget skjult i en sort boks i mit indre? Jim siger med rolig stemme: "It's a universal thought." Skam og sårbarhed gør det svært for mig at skulle åbne øjnene og se på ham, men hans ord overrasker mig, og jeg drejer hovedet mod ham. "Do you have it too?" spørger jeg forundret og kigger på den ældre kernesunde mand, som hver morgen sidder i lotusstilling og mediterer med os. "Oh yes, sweetheart," siger han ganske blidt.

Efter at have delt den information, som jeg lige har gravet frem fra mit indre, kan jeg mærke, at jeg føler mig glad og let i kroppen. Jeg er også klar over, at jeg højst sandsynligt ikke havde fået kontakt til den sætning, hvis det ikke havde været for Jim. Det var generelt tæt på umuligt for mig at åbne mig i tilstrækkelig grad for nogen i lang nok tid til at information kunne slippe ud. Selv i mange terapisessioner kunne jeg mærke, at jeg ikke viste mig selv fuldstændig. Jeg havde en indre vagtsomhed over at dele mit inderste – især med kvinder. Men jeg følte mig komfortabel med Jim's meget stærke, trygge udstråling.

Som en del af vores daglige program er et møde i diverse 12-trins programmer. Fra det allerførste møde med: "Hi, I'm Chris, I'm an alcoholic," og gruppens svar: "Hi Chris," følte jeg mig hjemme. Det var tydeligt for mig, at jeg var underernæret med ærlighed. Både min egen og andres. Og følelsen af at høre til! Den var berusende og tiltrækkende for mig, som befandt mig i en familie, som jeg ikke rigtig følte mig tryg og afslappet i.

De 4 uger går både hurtigt og langsomt. Dagen inden jeg skal hjem til Danmark igen, spørger jeg behandleren, hvordan jeg skal spise, når jeg kommer hjem? Jeg er i vildrede, da vi ikke har talt om det. Hun svarer, at det vil jeg finde ud af. Hendes svar føles befriende og let i min krop. Hun giver mig ansvaret, men også troen på, at det finder jeg selv ud af. Og det gør jeg.

Efter min måned i USA var jeg afvænnet fra sukker og holdt mig fra det de næste 5 år. Derudover fortsatte jeg med frugt til morgenmad og "ris, bønner og grøntsager" til de to andre mål-tider det næste års tid. Ingen mellemmåltider. Jeg tabte 8 kilo på de 4 uger i USA og yderligere 22 kilo de efterfølgende 5 måneder. Jeg begyndte at gå til møder i OA (Overeaters Anonymous) i København lige så snart. jeg kom hjem fra USA. Det hele føltes ganske let. Også da min kæreste gik fra mig en uge efter, jeg kom hjem. På trods af at jeg var dybt ulykkelig, klarede jeg det uden mit sædvanlige "stof".

19

Møderne i OA blev et stort omdrejningspunkt for mit liv. At træde ind i den kreds betød, at jeg fik et helt netværk af hjælpsomme sjæle forærende med det samme. Ingen så skævt til hinanden pga. hvad eller hvor meget, vi spiste, hvad spisetrangen havde drevet os til, eller hvor høj eller lav vægten var. Jeg var med i et fællesskab med en masse andre kvinder og en håndfuld mænd, som kendte til de følelser og tanker, som jeg for en stor del havde være alene med i mange år, og vi delte alle om spisetrang og madens magt i vores liv. Flere gange om ugen cyklede jeg til møder forskellige steder i København og mærkede den varme omfavnelse, som disse møder var. Udover oplæsning af 12 trins litteratur og deling på møderne, var der også en hyggelig og kærlig omgangstone før og efter. Alle var optaget af at være til stede for andre, fordi det var gennem selvforglemmelsen, at der var hjælp at hente.

De 12 trin og møderne tog spisetrangen. For en tid. Og den tid var som en drøm. Ikke alene var jeg slank, jeg følte mig også mærkværdigt fri indeni. Og tom … En tomhed, der føltes som en svag buldren fra torden i det fjerne. Inden regnen begynder at vælte ned. For der var en masse ting ved det at have en spiseforstyrrelse, som jeg ikke forstod. Bl.a. min tankegang omkring det at være slank. Hvor jeg end kiggede hen, så var det målet og idealet. Overvægtig? Så tab dig. Bliv slank. Der var et par få "helbredte" kvinder i OA, som ikke var slanke, og det forvirrede mig. Jeg spurgte min sponsor om det, og hun vidste heller ikke helt, hvad hun skulle mene om det.

Jeg troede stadig, at min værdi som menneske afhang af, at jeg var slank. Så hver gang jeg tog på, gik der en panikreaktion i gang hos mig. Jeg bekymrede mig dybt over 3, 4 eller 5 kilo. Og når bekymringen gik i gang – når panikknappen var udløst - førte det uvægerligt til overspisning og vægtøgning. Nu da jeg ikke spiste sukker, overspiste jeg i helt andre ting, som før i tiden ville have været ligegyldige for mig. Havregryn med mælk. Brød og smør. Langsomt begyndte snebolden at rulle. Og jeg tog på igen. Nu var jeg i OA, og min kamp med vægten føltes nøjagtig som før. Nu følte jeg dog blot, at jeg udstillede min manglende vilje eller uformåenhed i endnu højere grad. Forfatteren til bogen om de 12 trin skrev meget tydeligt, at der var nogle få ulykkelige, som ikke kunne blive helbredt af trinnene. De var udenfor pædagogisk rækkevidde eller simpelthen for syge.

I OA delte jeg for at sætte mig selv fri fra mig selv. Jeg delte om min spisetrang både på møder og til min sponsor, men jeg følte samtidig, at jeg havde en vis distance til andre mennesker. Det føltes som et filter, og jeg blev ekstremt sårbar, hvis jeg skulle fortsætte med at dele om mine vanskeligheder. Det skulle helst være således, at jeg kunne klare mig selv og kun have brug for andre i visse perioder, til visse specifikke vanskeligheder. Jeg var nødt til at være succesfuld. Også selvom jeg var helt klar over, at det ikke var forventet. I min ekstremt sårbare situation blev det umuligt for mig at blive ved med at dele, hvad der egentlig foregik.

Afholdenhed var det ypperste i OA, og det blev tolket på flere måder, da det jo drejede sig om mad, som ingen kan leve uden. Jeg var afholdende fra sukker og overspisninger, men spekulationer over, om jeg havde brudt min afholdenhed, var hyppige. Jeg mærkede i stigende grad en følelse af overfladiskhed hos mig selv og de usunde mekanismer, som stadig styrede mig i forhold til spisning. Jeg burde kunne bede til en højere magt eller ringe til min mentor/andre OA'ere for at tage min spisetrang. Det føltes bare ikke, som om det virkede. De 12 trin gør dig lykkelig ifølge OA-bogen, og flere kunne dele om, at det også var deres erfaring. Jeg elskede at være sammen med andre kvinder, der kunne relatere, men jeg begyndte i mindre grad at elske, at de 12 trin skulle styre mit liv.

Efter endnu et ulykkeligt brud med en mand, jeg elskede, fik jeg for en periode styr på min mad og tabte mig igen. Det var noget, som ulykkelig kærlighed havde gjort for mig gennem tiden. OA forlod jeg efter 2,5 år, da jeg forstod, at det ikke nyttede noget at være afhængig af en række trin. Det rev i mit hjerte at sige farvel til alle de dejlige mennesker, som jeg havde haft tæt på mig gennem en længere periode. Der var også en smule frygt forbundet med at træde ud af den trygge kreds. Dog var mit ønske om at være *helt* fri større. Men hvordan?

20

"Står de bare der og folder sig ud?!"
Jeg sidder i halvmørket og kigger op på baren. Belysningen og de mørke vægge giver en huleagtig fornemmelse. Tanken opstår samtidig med, at jeg mærker en sammentrækning i den øvre del af maven i en blanding af sorg og forundring. Min krop ved med det samme, hvad jeg har set. De tre tykke damer står ved baren i swingerklubben og har en fest. I småt lingeri og med deller ud over det hele. Ingen ser ud til at tage sig af det – allermindst de tre. Kvinderne er ikke små og fine, de er velpolstrede, dellede og temmelig højlydte. De gemmer sig ikke, i stedet griner de højt. De optager plads. De har også herrebesøg, og flirtende og flabede bemærkninger kører frem og tilbage. De virker ubekymrede eller måske snarere ikke-undskyldende over deres "over BMI-grænsen" tykke kroppe. Og her sidder jeg i min nye slanke "under BMI-grænsen" fine krop og kigger på tre fede kvinder, der formaster sig til at more sig, vise sig frem, flirte uden tanke på, hvordan de ser

ud i deres tykke, uperfekte kroppe. Det er ikke sådan, jeg har forstået, at verden skulle være.

Efter en periode med tykhed har jeg opfyldt min del og kan nu fremvise en slank krop, som nu skal modtage beundring, bejlere og lykke. Og de kvinder står der og får det samme. Med deller ud over det hele. Det er en mavepuster. Jeg føler mig godt og grundigt snydt. Da min date ankommer, finder han mig siddende og observerende de fede damer. Jeg fortæller ham lidt om, hvad jeg føler og tænker. Han siger, han forstår.

Min reaktion gav mig stof til eftertanke, og den dag i dag er jeg dybt taknemlig for, at de kvinder stod i baren og morede sig den dag. De var et spejl og et realitetstjek for mig, som sammen med andre små brudstykker lagde kimen til, at jeg blev mere og mere nysgerrig på, hvad det der med krop og vægt havde at gøre med det at være et værdifuldt, tilpas menneske. Og som jeg senere fandt ud af, ikke bare intellektuelt, men også krops- og sanseligt, har det ingenting med hinanden at gøre. Men før jeg kunne gøre den erkendelse, skulle jeg lige omkring endnu et forsøg på at blive slank og en spiseforstyrrelse mere.

21

"Giv dig selv det, du rigtig gerne vil have"
Ordene stryger lige igennem mig uden modstand. Jeg mærker dem, og noget i min krop og mit sind siger: "Du kan tabe dig og blive slank – intet holder dig tilbage." Jeg føler mig virkelig opløftet. Det grønne tropiske klima i Thailand omgiver den yogasal, som jeg sidder i sammen med 14 andre mennesker fra hele verden. Vi er samlet i 5 dage – ikke for at lave yoga – men for at udforske, hvad der afholder os fra at modtage kærlighed. Jeg er på en måneds rejse til Thailand med en veninde og hendes to børn, som jeg efter aftale har efterladt på et strandhotel længere oppe af kysten.

Jeg har lige delt (noget af) min historie om min opvækst og mit forhold til mad. Min krop taler jeg ikke om – på det tidspunkt er det stadig ikke rigtig gået op for mig, hvilket forstyrret forhold jeg har til den. Det er psykoanalytikeren og lederen af retreatet, som siger ordene: "Why don't you just give yourself what you really want." Og det hele føles så simpelt: Det jeg virkelig ønsker mig er at blive slank.

De andre deltagere giver mig feed-back på min historie. Det er en mærkelig oplevelse i sig selv, for jeg har virkelig gerne ville fortælle dem alt det, som er så levende inden i mig, men som jeg aldrig rigtig deler med nogen. Og jeg mærker, at da det efter flere dage bliver min tur til at fortælle, er jeg utroligt ukomfortabel med at dele ud af mig selv og mine følelser. Klangen og tonen i stemmen, som kommer ud af mig, mens jeg beskriver episoder fra min opvækst, og hvordan jeg har haft det med dem, er lidt staccato og temmelig monoton. En af deltagerne bemærker det i sin feed-back. Han siger, at jeg lyder uberørt eller uengageret i historien. Som fjernet fra den. Nøjagtig sådan følte jeg det også, da jeg endelig fik taletid. Jeg føler en enorm skam og akavethed, mens jeg fortæller om mig selv. Lige så efterfølgende. Men hvorfor har jeg sådan et behov for at holde den historie, mine indre oplevelser og observationer, ti skridt fra livet, når jeg fortæller om dem? Det står mig ikke fuldstændig klart.

Jeg bebrejder mig selv, at jeg ikke formåede at fortælle min historie godt nok, og jeg føler mig meget dum. Der er en sammentrækning i brystet, og jeg får lyst til at flygte fra den. Der sidder en sort plet på af skam på mig, som jeg vil tvære ud, så den kan forsvinde. En følelse, som jeg interessant nok sagtens kan genkende fra min tid, som lille pige, der gerne ville sige noget om sig selv til de voksne. Helt umuligt og meget skamfuldt at få det sagt. Og de voksnes reaktion dengang føltes også som en "altså, hvis du ikke kan sige, hvad der er galt, så er der jo ikke nogen, som kan hjælpe dig" irritation. "Så sig det dog, i stedet for bare at stå der og træde dig selv over tæerne." Når ordene ikke kan komme så let ud over læberne, så hellere lade være med at prøve at fortælle, hvad der sker indeni mig.

Jeg er ikke så tillidsfuld i denne gruppe af mennesker, at jeg deler om, hvordan jeg har det med at have fortalt min historie. Ingen bemærker, at jeg nærmest holder vejret. Skammen gør ondt i brystet, den knuger om min brystkasse, mens jeg synker dybere ned i en apatisk tilstand og væk fra rummet. Jeg er musestille. Og jeg må med misundelse se på, at dem, der udtrykker deres følelser mere blomstrende og udtryksfuldt end mig, også bliver hørt og modtaget på en anden måde. Jeg er decideret bange for at dele ud af mig selv og sige, hvad der egentlig er derinde, og det føles som en trykken i brystet. Jeg vil gerne, men jeg kan ikke. Så jeg vælger endnu engang lade som om, at jeg er helt ok, mens skammen har overtaget min krop.

Retreatet efterlader mig med en blandet fornemmelse i kroppen. Noget tager jeg med mig. Ordene "Hvorfor giver du ikke bare dig selv det, du gerne vil have" har banet en vej indeni mig, hvilket jeg opfatter, som et grønt lys. Nu skal jeg være slank. Endelig! Det føles derfor helt naturligt, at jeg tænker over, hvad jeg spiser og de facto spiser så lidt som muligt. Det er ikke en slankekur (!), men det er mig, der giver mig selv det, jeg altid har drømt om: En slank krop. Jeg *må* være blevet mere moden og indsigtsfuld og kan nu give min krop det rigtige at spise. Jeg jubler indeni, og det føles nemt - de første par måneder.

22

”Du kan overspise og kaste op – bare en gang imellem”
Følelsen i maven er som en sort skakt, hvor jeg ikke kan se bunden. Jeg ønsker at sætte en prop i, bogstaveligt talt, for ikke at rende rundt med sådan et hul indeni. Det går ellers lige så godt med at tabe mig, og jeg prøver for småt tøj, som venter på, at jeg bliver slank nok til at kunne passe det ordentligt. Alle de dejlige kjoler, bukser og bluser fra tidligere slanke perioder venter på mig. Da det jo ellers er gået så godt med at tabe mig, ærgrer det mig at få besøg af denne velkendte følelse. ”Gå nu bare væk,” vrisser jeg utålmodigt, men det gør den selvfølgelig ikke. Jeg ved, at den vil have sukker og fedt. I store nok mængder til at dæmme op for den hule fornemmelse. Og rastløsheden ... Jeg kan ikke rigtig foretage mig noget, før jeg har givet mig selv den rette mængde at spise. Og nu vil mit vægttab blive ødelagt, og jeg vil ikke opnå tryghed, kærlighed og anerkendelse, som jeg så inderligt ønsker mig.

En tanke slår mig, en ganske fornuftig én: "Du kan overspise og kaste op – bare en gang imellem." Så det gør jeg uden at hverken tænke eller mærke for meget efter. Det føles, som om den ubehagelige spænding i mig udløses, og jeg finder ro igen. Sådan! Det bliver til to gange overspisning med efterfølgende opkastning den uge. Det er jo ikke så galt, tænker jeg. Jeg føler optimisme ved tanken om, at jeg kan bruge det som et supplement en gang imellem.

Efter et par uger overspiser og kaster jeg op hver dag. Det er foruroligende for mig, men jeg har ikke lyst til at stoppe. Det hjælper på vægten, og der er en kæmpe befrielse i at spise, som jeg har lyst til og stadig tabe mig. Det er ligesom nervepiller eller en flaske rødvin. Hver gang tænker jeg, at jeg bare lige skal over dette større eller mindre ubehag, så er jeg klar igen. Bare lige have fyldt det her tomme sorte hul op. Komme af med den her følelse af overvældelse, ensomhed eller uro. Og ingen behøver at vide det. Efter 6 måneder må jeg erkende, at jeg har fået bulimi i en grad, som jeg ikke har prøvet før. Og jeg overskrider flere og flere grænser såsom at spise og kaste op på arbejdet eller hjemme hos mine venner.

Det er både behageligt og ubehageligt at have bulimi. Det er en fantastisk glæde og tryghed, jeg oplever, når jeg trasker hjem med chips, chokolade, is og kage for at fortære det "uden konsekvenser" for vægten. Når jeg er ude at købe ind til disse spiseanfald, kan jeg bruge lang tid på at studere tilbud for at få så mange hundrede gram sukker og fedt for så få penge.

Bulimi er dyrt, det koster mig efterhånden 2.500 kr. om måneden, da det er på sit højeste. Og min økonomiske snusfornuft er irriteret over, at det er penge, som jeg nærmest skyller direkte ud i toilettet.

Det er blevet tydeligt for mig, at jeg ikke styrer bulimien længere, men at den styrer mig. Jeg kan ikke komme igennem en dag uden 3-5 spiseanfald med opkastning, som i gennemsnit tager en time til halvanden at udføre. Det er mange timer, jeg må bruge på det hver dag, og det er ikke længere så behageligt, som i starten. Jeg mærker også for første gang for alvor, at min krop reagerer på de uhensigtsmæssige overspisninger og opkastninger. Jeg småryster og føler mig ofte udmattet. Hvis jeg rejser mig for hurtigt fra sofaen eller sengen, bliver jeg svimmel. En dag falder jeg om på mit arbejde, men jeg er hurtigt ved bevidsthed igen. Min krop sender mig et tydeligt signal om, at den ikke kan lide det, der foregår.

Mit sind derimod er meget forhippet på at få gennemført spisning og opkastning flere gange dagligt. Hvis jeg har en dag med mange aftaler, bliver jeg som en løve i et bur, indtil jeg kan få presset en overspisning/opkastning ind. Selve den handling er blevet et stof, som jeg må have hver dag. Men uanset at jeg ikke nødvendigvis har lyst til at gøre det i det omfang, så er jeg totalt styret af trangen til at "få det gjort" flere gange dagligt. En dag da jeg er ude at køre langt, må jeg køre ind til et butikscenter og købe en bakke flødeboller, som jeg spiser på et offentligt toilet i centret. Da jeg er færdig med at spise de 12 flødeboller, vender jeg mig om og kaster det hele op. Jeg er klar over, at jeg må gøre noget, da sygdommen er ved at vinde, og jeg frygter, at jeg vil overgive mig helt til den.

Det bliver mere og mere udmattende at kaste op længe nok til, at al maden er kommet op. Jeg begynder så småt at tage på, da jeg ikke bruger nok tid på at kaste op ved hver episode. Der sniger sig 6-7 kilo. tilbage på min ellers nyligt slanke krop. Selv med bulimi kan jeg nu ikke længere bevare min drømmevægt.

Efter et år med et stærkt tiltagende vanvid og mig, der oftere og oftere føler, at jeg snart ikke kan passe på mig selv længere, og med flere små-depressive perioder, går jeg til lægen og beder om hjælp. Det er helt mærkeligt endelig at være ved lægen og tale om en spiseforstyrrelse – ikke BED, for den gives der ikke hjælp til – men nu bulimi, som jeg godt kan få hjælp til. Det er rart og en lettelse, at hun lytter til mig og forstår, at jeg ved, hvad jeg taler om. Så henvisningen bliver sendt med det samme, og jeg kan afvente en samtale på Region Hovedstadens Psykiatri, Ambulatorium for spiseforstyrrelser. Samme dag er der et brev fra dem med en dato for et møde. Jeg føler en tryghed i, at jeg ikke længere er alene om dette. Brevet føles som en gave.

23

"Du skal ikke tabe dig"
Behandleren på Ambulatorium for spiseforstyrrelser er i gang med at remse op for mig, hvordan behandling for bulimi ser ud i deres regi. "Du skal holde vægten, altså ikke tabe dig." Jeg mærker en sammentrækning i kroppen over dette ene dessin ud af 4-5 stykker. Jeg studser over min krops reaktion. Den er på vagt. Af alle de ting, som jeg havde forestillet mig at få at vide, er dette en slags volapyk. "Ikke tabe mig?" udbryder jeg. "Nej, du skal helst bare bevare vægten." "Men jeg er jo beviseligt overvægtig," siger jeg en smule tøvende til hende. Hun har jo selv lige vejet mig og kender sikkert mit BMI, som på det tidspunkt ligger et lille stykke over de anbefalede 25. Men beskeden er klar. Det er vigtigere at holde vægten stabil, mens jeg er i behandling for bulimi.

Det var en meget vigtig brik til forståelse af mit vægttabs-vanvid, som jeg der fik forærende. For jeg kunne mærke min modstand mod ikke at måtte tabe mig. På trods af at jeg efter

31 år med et konstant negativt og angstfyldt fokus på min vægt var kommet så langt, at jeg forstod at noget måtte ændres, var det ikke den form for besked, som jeg havde forestillet mig at få fra officielt hold. Både læger og psykologer og behandlere. Hvor mærkeligt og anderledes. Jeg mærkede uroen over, at jeg ikke skulle tabe mig. Hvad skulle jeg så? Det føltes, som om noget blev taget fra mig. Noget trygt og forudsigeligt. Jeg havde jo haft det fokus i over 30 år, jeg var beviseligt 5-10 kilo overvægtig, jeg var ikke tilfreds med min vægt. Skulle jeg lægge det på hylden i et stykke tid?

Der var også en snert af noget beroligende ved den besked. Det føltes, som om der blev åbnet op for et kammer i mig, som nu kunne tage luft ind. Selvom det også føltes som at fjerne et ben fra den taburet, jeg sad på, mærkede jeg, at jeg var nysgerrig nok til at prøve at finde min balance med denne nye udmelding. "Ikke tabe mig?" Den besked havde ingen givet mig før. Heller ikke mig selv. Det var som at få at vide, at forskere rent faktisk nu *havde* fået bekræftet, at jorden var flad. En helt ny virkelighed at træde ind i.

Inden besøget på ambulatoriet havde jeg udfyldt diverse spørgeskemaer, som skulle vise, om jeg led af en spiseforstyrrelse og hvordan min mentale tilstand var. Spørgsmålene skulle tydeliggøre, i hvor høj grad jeg satte lighedstegn mellem min værdi og min vægt. Om hvordan og hvor meget det påvirkede mig, hvilket tal der stod på vægten. Om jeg havde en depression og havde selvmordstanker. På mødet spurgte jeg nysgerrigt behandleren, om hun kunne se, at jeg havde en spiseforstyrrelse. "Ja," sagde hun, "det er meget tydeligt." Hun viste mig nogle diagrammer over, hvor "normale" kvinders svar lå og hvordan mine konsekvent lå over. Altså længere hen mod den pol, der afgjorde, at styrken af de tanker, jeg havde om mig selv og min vægt, ikke var at betragte som indenfor normen. Den information gav mig en kæmpe lettelse. Selvom jeg vidste, at jeg havde en spiseforstyrrelse, var der noget beroligende og nyt i at få det bekræftet.

Over de næste måneder inden behandlingen gik i gang, mærkede jeg efter i mig selv, hvad det betød for mig, at min drøm om at blive slank var blevet taget fra mig for en periode. Det gik op for mig, at det at tabe mig var min måde at regulere mit sind og mit humør i forhold til, hvad der skete i mit liv. Uanset at jeg ikke rigtig formåede at tabe mig længere – jeg havde indset umuligheden ved at ændre noget som helst med slankekure/restriktioner/kontrol – så havde drømmen ubevidst stadig den funktion for mig. Derudover rettede anvisningen om, at jeg ikke skulle tabe mig, op på mit gamle traume fra mit besøg hos lægen som 16-årig. Jeg blev set og hørt i mit forhold til mad, og jeg blev ikke påduttet en slankekur af lægen, psykologen eller behandlerne på Ambulatoriet. Tværtimod blev jeg forstået, og det, jeg fortalte om mit forhold til mad og vægt, blev taget alvorligt. Jeg så frem til at få besked om, at min behandling for bulimi kunne starte, hvilket jeg havde fået at vide kunne tage et par måneder.

24

"Kære Mor, jeg har ikke lyst til at have kontakt længere"
Brevet har været en dag undervejs i mit hoved, og da jeg sætter mig og skriver det, skal jeg kun rette ganske lidt. Ordene flyder og former sætninger, som jeg føler indfanger det, som jeg vil fortælle min mor. Jeg har været på et retreat hen over påsken og har brugt nogle dage sammen med en gruppe kvinder – ledet af mænd – på at dykke ned i mig selv. De 5 dage er følelsesmæssigt hårde, allermest mærker jeg det som en udmattelse og træthed, hvilket muligvis er en forsvarsmekanisme. Men jeg hænger i, og jeg begynder at ane et tema, som jeg ikke har kigget på længe. Mit forhold til min mor. Jeg får åbnet op omkring nogle svære situationer, som jeg har oplevet med hende. Og inden jeg ser mig om, er jeg klar over, at det ubehag, som jeg har følt over at have hende tæt på mig gennem de sidste 23 år, er jeg nødt til at tage alvorligt.

De 5 dage, jeg har været med gruppen, har jeg spist normalt og ikke kastet op. Da jeg kommer hjem, glæder jeg mig til et spiseanfald, hvilket jeg gennemfører. Det fungerer som en ventil. Og dagen efter skriver jeg et brev til min mor, hvor jeg ærligt skriver, at jeg ikke har lyst til at have kontakt med hende. Det, min krop har fortalt mig gennem rigtig mange år, tager jeg nu alvorligt.

Efterfølgende går jeg i supermarkedet for at handle ind. Jeg har endnu ikke haft et spiseanfald den dag, så det føles, som om det er på tide. Men da jeg går rundt i forretningen, kan jeg ikke bestemme mig for, hvad jeg vil overspise i. Og det går op for mig, at jeg ikke er i "humør" til et spiseanfald. Det er som om, at jeg har en stærk fornemmelse for min krop, at jeg fylder den ud og føler en dyb indre ro. Så jeg køber noget almindelig mad og spiser et almindeligt måltid. Og sådan står det på de næste 3 uger. Jeg har ingen spiseanfald. De dukker dog op igen, da jeg på et tidspunkt igen føler det velkendte hul indeni, og med en vis forvirring og rådvildhed genoptager jeg bulimien. Jeg kan ikke overskue at miste min slanke krop og har ikke rigtig noget at sætte i stedet for.

Efter 3 måneder får jeg endelig besked om, at jeg kan starte i behandling for bulimi. Det er et gruppeforløb med 20 møder. I gruppen er der to terapeuter og 6-7 andre kvinder. Jeg glæder mig og er en smule spændt på samme tid.

25

"Jeg vil være fri til ikke at sætte mål"
Jeg mærker ubehaget og usikkerheden ved at åbne mig og sige, hvad der faktisk ligger mig på sinde. Vi er samlet i terapigruppen på Ambulatoriet, og jeg er kommet til den del af behandlingen, hvor jeg skal sætte mig nogle mål, som jeg så kan evaluere senere. Men jeg kan ikke sætte mål for, hvor jeg gerne vil ende henne efter endt behandling, sådan som vi bliver bedt om af behandlerne. Det er ikke for at provokere eller være på tværs. Engang kunne jeg have gjort det – altså spillet en god elev og gøre noget, som gik mig imod for at passe ind. Men jeg vil gerne være med i behandlingen med *hele* mig og ikke en smule mig og en smule skuespil. Og jeg har en tydelig fornemmelse af, at det er ganske overflødigt at sætte mål. Det er mit højeste ønske at opleve mig selv uden de her tanker om, at jeg skal være et andet sted, end hvor jeg er. Psykologen skriver i min journal *"... nævner som et mål altid at opleve sig selv i alle situationer."* Heldigvis godtager de mit behov, og vi bliver enige om, at jeg nøjes med at tegne to tegninger.

Den ene, som handler om transformation, og den anden som viser mig med en masse lag. Det er de lag, som jeg gerne vil folde ud og få kigget på.

Jeg bemærker, at det rører mig dybt den første dag, jeg deler. De andre kvinder spejler det, som jeg har delt tilbage til mig. Og ligeså gør de to behandlere. Og den oplevelse – at høre mine ord og følelser omkring spisning gengivet i en anerkendende tone – er forbavsende fremmed og nærende. Det føles ydmygende og skamfuldt, da jeg mærker, at jeg ikke kan holde tårerne tilbage. Men jeg er efterhånden blevet bedre til at tackle, at disse følelser opstår. Jeg er blevet mere åben og udforskende.

I det hele taget er jeg rigtig glad for at komme hver tirsdag formiddag til vores gruppesession, jeg finder det opløftende, støttende, hjælpsomt og meget givende. De andre kvinder er en del yngre end mig, men det gør ikke noget. Vi føler os forbundet gennem det samme sprog og forståelsen af, at en spiseforstyrrelse er en sælsom lidelse, som ikke lige lader sig forstå af udenforstående. Den ugentlige vejning er jeg ikke nødvendigvis begejstret for, men jeg tager det med. At blive vejet *efter* morgenmaden og med tøj på føles stadig som helligbrøde og helt misvisende. Den dag vægten viser 79 kilo bliver jeg for alvor udfordret, og mit nervesystem reagerer med en skarp smerte i brystet, som om jeg står overfor en fare. Frygt iblandet panik. "Er du ok?" spørger en af mine medpatienter mig. "Ja, ja," siger jeg per automatik. Jeg er overrasket over, at jeg ikke har kunnet skjule mit ubehag bedre. Det er stadig en automatisk reaktion for mig til tider at skjule, hvad der foregår indeni mig. Og selvom jeg føler mig tryg i gruppen, taler jeg ikke højt om min frygt for det tal på vægten. Skammen og fornedrelsen, som ligger i det tal. Skammen over at skamme mig. Jeg er ikke klar.

Til gengæld kan jeg mærke, at jeg får vist, hvad jeg indeholder på andre afgørende områder. Jeg vil på intet tidspunkt i forløbet sætte mål for at ophøre med at kaste op. Det er ikke noget, jeg føler, er indenfor min kontrol, og jeg vil have lov til at udforske alle mulige aspekter af mig selv med bulimi uden at føle mig presset til at stoppe med at kaste op. Det er sårbart for mig at være så åben med mine følelser, at stå ved det, jeg mærker overfor den autoritet, som behandlerne jo er. Jeg vil udfordre min sædvanlige taktik med at gemme dele af mig selv og være den ukomplicerede gode elev, hvilket kræver, at jeg viser andre dele af mig selv, og hvad jeg føler. For det er så tydeligt for mig indeni: Jeg vil ikke lægge pres på mig selv. Ingen forventninger. Jeg er jo trods alt i behandling, fordi jeg gerne vil stoppe med at overspise og kaste op, "så mon ikke jeg kommer derhen," siger jeg til gruppen.

Som et led i behandlingen bliver der efter et par måneder inviteret til familiedag, hvor alle patienter møder op sammen med deres familie og venner. Jeg har fået fortalt mine 3 nærmeste veninder om, at jeg har fået bulimi. Det var ikke nemt at skulle åbne op overfor dem, da jeg havde holdt det skjult i mere end et år. At dele det med dem gav mig dog også en følelse af at tage mig selv alvorligt, og jeg gav slip på noget af min skyldfølelse over, at jeg havde bragt mig selv i den situation og samtidig skjult det. Jeg ønskede hverken at invitere mine forældre eller min søster, så det føltes rigtig fint, at to af mine nærmeste veninder kunne deltage. At invitere dem indenfor på behandlingsstedet og dermed også i min proces gav mig følelsen af, at jeg ikke var helt alene med sygdommen eller mit indre i det hele taget.

En dag midt i det 5 måneder lange gruppeforløb, kan jeg mærke, at noget har groet sig større indeni mig. Jeg mærker en robusthed. En følelse af, at tiden er kommet til, at jeg kan give slip på bulimien. Efterhånden har jeg én overspisning med efterfølgende opkastning om dagen, som jeg føler gør mig tryg. Det er mit daglige åndehul. Men jeg vil gerne være endnu bedre ved min krop og min psyke og ikke bruge mad og/eller opkastning til at regulere mig selv. Efter en samtale med diætisten, hvor hun og hendes ord taler til den velvillige del af mig, stopper jeg helt med at kaste op. Det er en lettelse, og samtidig en smule utrygt. Jeg vil så gerne være slank, og jeg frygter, at jeg ikke kan holde vægten.

I gruppen får jeg vendt mine tanker om, at jeg altid har kunnet bruge drømmen om vægttab, som en måde at undslippe min krop og mit liv på. I min journal står der: *"Er blevet opmærksom på, at vægttabstankerne er der, de var før bare en selvfølgelig del af livet, men nu tænker hun, at de udgør en forstyrrelse."* Da jeg afslutter gruppeforløbet, er det med stort vemod og dyb taknemlighed, men også med følelsen af, at jeg er klar. Indsigten i, at selve tankerne om vægttab muligvis ikke er naturlige eller hjælpsomme, har givet mig ny energi og en retning, som jeg ikke før er gået i. Efter i mange år at have haft disse tanker, som en helt almindelig del af min hverdag, er jeg klar til at gå ud i livet uden at være slave af dem.

26

Ikke længe efter endt behandling læser jeg for første gang siden mine teenageår en bog om en kvinde, der har haft spiseforstyrrelsen bulimi. Hun er en kendt vejrvært på tv, og jeg falder tilfældigvis over hendes bog på biblioteket. Mens jeg læser om den sygdom, som jeg selv er kommet til at kende intimt, kan jeg læse og fornemme, at hun vitterlig har lidt. Der er megen genkendelse og … misundelse. Den følelse dukker op, hver gang hun nævner sin vægt, når den er i den lave ende. Og hver gang mærker jeg det sted i mig, der siger: "Men hun vejer xx antal kilo, kan det virkelig ikke opveje problemerne ved sygdommen?" Jeg følger min tankegang og er forundret. Det følger åbenbart med en spiseforstyrrelse, at lav vægt *altid* er at foretrække frem for … liv? Som i: "Til helvede med livet, bare jeg er slank". Jeg har gennemskuet den tanke, men den finder mig til tider og minder mig om, at en spiseforstyrrelse *er* en forstyrrelse og handler om rigtig meget andet end mad.

27

Som efterbehandling får jeg tilbudt 3 samtaler med psykologen fra gruppeterapien. På grund af den tryghed og tillid, som jeg har følt i gruppen, føles det ganske ok at tale med hende alene. Da vi mødes til den første samtale, bliver jeg tilbudt en vejning, hvilket jeg siger ja til. For jeg synes, at det er vigtigt, at jeg får et afslappet forhold til min vægt uanset tallet. Det er 80,8. Mit indre krøller sig sammen, og jeg kan mærke, at det er uden for min komfortzone at skulle snakke om det. Hvis jeg kunne, ville jeg allerhelst skjule min ked-af-det-hed og skræk over, hvad jeg vejer. Hvorfor må ingen vide, at jeg er ked af det, jeg vejer? Vi tager hul på samtalen, for på trods af min modstand mod at tale om det, så er jeg jo det rette sted på det rette tidspunkt. Jeg bevæger mig forsigtigt ind på emnet, der føles sprængfarligt. For første gang får jeg talt højt om, hvad den ked-af-det-hed indeni mig dækker over, *mens den er der*. Det giver en vis klarhed over det budskab, som ligger i den følelse. Min frygt er, at den vægt, som jeg nu kender, vil hæfte sig på mig som person og sige noget om min værdi som menneske. Jeg fortæller psykologen – og mig selv – at hvis jeg vejer mere end normalen, vil andre ikke mere se mig som et menneske. Jeg fortæller hende om min forestilling om, at hvis jeg kommer i den kategori, som hedder "overvægtig", er jeg ikke attraktiv, har ikke styr på mit liv, jeg er doven og uintelligent. Dybest set har jeg ikke lov at eksistere med så høj en vægt.

Det er endvidere tydeligt for mig, at jeg kun må eksistere som "overvægtig", hvis jeg samtidig demonstrerer en villighed til at forandre mig og forsøger at tabe mig. Da psykologen spørger mig, hvad jeg synes om den logik, kan jeg mærke, at der er noget trygt ved den. Den kan sikre mig, at jeg kommer i den rigtige kategori. Jeg sikrer mig et minimum af anerkendelse som "overvægtig", når jeg blot sørger for at forsøge at forandre mig. Men det er også tydeligt for mig, at jeg er færdig med at forsøge at forandre mig. Motivationen til at forandre mig er afløst af en stærk trang til at få lov til at opleve mig selv, nøjagtig som jeg er. Det leder mig til næste spørgsmål, som har været gennemgående i mit liv: Må jeg gerne være her, som jeg er? Og det spørgsmål bliver ikke besvaret, om jeg taber nok så mange kilo.

De efterfølgende to gange, hvor jeg mødes med psykologen, afslår jeg at blive vejet. Jeg overvejer, om jeg vælger det for at undgå den stærke påvirkning, som tallet på vægten kan være. Men da jeg tænker det igennem, kan jeg ikke finde én eneste brugbar grund til at kende min vægt. Før i tiden var antallet af kilo et pejlemærke for, hvordan jeg skulle have det med mig selv. Men nu kan jeg ikke bruge tallet til noget som helst. Da jeg siger farvel efter endt succesfuld behandling, er det med bevidstheden om, at jeg sidder tilbage med spiseforstyrrelsen BED. Den er der på det tidspunkt ikke noget behandlingstilbud til, men det er ok. Jeg kender den og føler mig med behandlingen for bulimi trods alt sendt i en retning, som jeg kan profitere af.

28

Det er ikke kun mit syn på mig selv, som jeg føler er i forandring. Også samfundet og mainstream medier undergår en forandring for tiden. Således er jeg en dag på vej hjem fra arbejde og venter på bussen. På busskuret hænger en stor reklame. Mit blik leder efter en tekst; hvor står der mon det sædvanlige med ”Plus size” eller ”Big is beautiful”? Men den buttede kvinde (eller i hvert fald større end en sædvanlig model) i reklamen på busskuret er der i sin egen ret, og reklamen har ikke nogen tekst udover navnet på firmaet, der sælger lingeriet. Det føles meget anderledes, og som om der mangler noget. Men også befriende og opmuntrende. Her er en reklame for lingeri med en kvinde, som ikke er modelslank, og min hjerne kan ikke få det til at stemme. Den finder det med andre ord ikke sædvanligt. Måske er der ved at ske noget med samfundets syn på kvindekroppen?

Et andet eksempel er, da jeg på Netflix følger med i serien ”Easy”. Det er en samling små historier med karakterer, som går igen i hinandens historier. Og én af de historier handler om en familie med mor, far og datter i et velhavende kvarter. Jeg studser over, at datteren, som går på gymnasiet, er smæk fed, og afventer, at der må være en grund til, at hun er med. Hendes forældre er det sædvanlige velfriserede pæne, slanke amerikanske par. Så hvorfor har de en smækfed datter? Men der er ikke nogen pointe med, at datteren er fed. Det er ikke et problem, det er ikke noget, som bliver omtalt. Historien udfolder sig, som den ville gøre for enhver anden teenager. I stedet for at se den fede datter med lavt selvværd, ked af sin vægt og manglende venner/nørdede venner, så er hun portrætteret som en populær pige med en sød almindelig kæreste, venner og et godt netværk. Det er som at se en anormalitet, og min hjerne søger igen og igen efter pointen med den fede teenagedatter. Men den er der ikke. Udover at instruktøren muligvis har ønsket at ruske lidt op i tingene. Det er igen som at se noget helt anderledes og nyt. Og jeg bliver mere og mere konfronteret med mit eget syn på overvægtige mennesker, som i den grad er styret af fordomme. Det er ikke mærkeligt, at jeg har haft det svært med mig selv, min krop og min vægt.

Jeg kan se tilbage på en periode på 9 år, hvor en befriende erkendelse af, at jeg ikke kan handle mig ud af det her problem, har boet i mig. Det har føltes lindrende for en stor del at slippe den udmarvende tanke, jeg har haft, om konstant at skulle tabe mig. Samtidig mærker jeg en frustration over, at jeg her 9 år efter stadig ikke ved, hvad jeg så skal gøre. Jeg er glad og lettet over den succesfulde behandling for bulimi, men min måde at spise på er stadig præget af perioder med tvangsmæssig overspisning, som jeg ikke føler mig i stand til at stå imod. Hver gang mit nervesystem fornemmer, at jeg vil styre, hvad jeg spiser, mærker jeg en tydelig modstand. Det ender ofte i overspisning og en sjælden gang med efterfølgende opkastning.

Inderst inde er jeg også ofte angst over min krop. Det går op for mig, at jeg aldrig har turdet indse fuldt ud: Jeg er tyk. Den identitet har jeg skyet og følt ville betyde døden. Måske er det døden – døden over mit ego og den forestilling, som mit ego har omkring det at være tyk. En forestilling, som jeg har overtaget fra min mor og andre omkring mig, men som jeg aldrig selv har undersøgt.

Erkendelsen af, at jeg må blive med min krop, som den er, efterlader mig med modsatrettede følelser. Jeg kan mærke en modstand og ærgrelse. Er jeg nødt til at være tyk? Øv. Omvendt har jeg ikke så mange flere veje at gå. Vejen gennem kroppen - rigtig at *opleve* min krop - har jeg ikke prøvet før. Hidtil har jeg undgået min krop og i stedet drømt om at blive slank. Jeg har forsøgt at slanke mig ud af min smerte. Det, kan jeg mærke, vil forandre sig nu. Og udover ærgrelse mærker jeg også en spænding og nysgerrighed.

Da jeg ved årsskiftet 2018/2019 på Facebook ser opslaget for begivenheden "Embodied Intimacy Community Immersion Summer Camp", er jeg overhovedet ikke i tvivl om, at jeg skal med. Tanken om at kunne boltre sig i 14 dage med 70 mennesker fra hele verden uden at kende en sjæl tiltaler mig. Jeg er klar over, at disse mennesker vil have en vis åbenhed for at danne relationer på en ny måde. Og jeg har i den grad brug for at danne en ny relation til mig selv og min krop. Der er et halvt år til og uden at kende meget til indholdet i den Summer Camp, glæder jeg mig allerede.

“

EMPOWERMENT IS REALIZING YOU'RE THE ONE WHO NEEDS TO SAY THE THINGS YOU'VE WAITED YOUR ENTIRE LIFE TO HEAR

MATT KAHN

Tredje del

29

"Må jeg give dig et kram?"

Med en vis nervøsitet og målrettede skridt går jeg op ad trappen til det store fællesrum kaldet "Templet". Udenfor på afsatsen mærker jeg bassen fra musikken, der trænger gennem den lukkede dør. Resolut åbner jeg døren og træder ind i rummet. Dansen er godt i gang, og jeg blander mig i mængden. "Må jeg give dig et kram?" En smuk mørkhåret kvinde står pludselig foran mig og breder smilende armene ud. Mit sind reagerer med overraskelse på hendes spørgsmål, og min krop svarer prompte for mig. "Ja," siger jeg og mærker en jubel i min krop. Morgenens danse/stræk session er i gang med 70 mennesker på gulvet, og jeg kender ikke et øje. Jeg er nøgen som den eneste af de danseglade mennesker omkring mig.

Foran mig ligger 2 ugers "Embodied Intimacy Community Immersion Summer Camp" med mennesker fra hele verden. Før sommerlejren har jeg forestillet mig, at jeg vil bruge de to uger på at stå 100% ved min krop og give mig selv mulighed for at opleve alle de følelser og fornemmelser, som opstår i den. Uanset om det er ubehag eller ekstase. Én ting, jeg har opdaget på flere rejser til Thailand, er, at jeg får det bedre og føler mig bedre til stede i min krop jo mindre tøj, jeg har på. Jeg bliver gladere for den og mindre bekymret for at vise andre, hvordan min krop ser ud. Her på dansegulvet står jeg ved den og viser den frem. Musikken dunker og vækker vores kroppe fra nattens søvn.

Min krop reagerer med en smule anspændthed på de mange nye mennesker og det faktum, at den skiller sig ud. Både fordi jeg ikke har tøj på, og fordi jeg klart er en af de tykkeste. Jeg har intet at gemme mig bag og på trods af, at jeg elsker at danse, bliver mine bevægelser en smule hakkende og anstrengte. Det er interessant for mig at mærke, hvad der foregår, og jeg tager nogle dybe indåndinger og synker mere og mere ind i min krop. Langsomt begynder jeg at føle mig fri og glæder mig i stigende grad over at være i min krop – der er ikke rigtig noget galt med den, konstaterer jeg med en vis tøven. Hvor bliver ubehaget og skammen af?. Bevægelserne bliver mere flydende og naturlige, jeg nyder utroligt meget at bevæge mig på den måde, og det giver mig en dyb og nærmest ukendt fornemmelse af at bebo min krop på en helt ny måde.

En anden kvinde beder også om et kram og smider derefter selv tøjet. Fedt! Hun er utroligt slank, nærmere spinkel, og hun smiler, som om hun nyder musikken og bevægelserne. Jeg føler mig anerkendt og stærk i det øjeblik, som om jeg er trådt ind i en anden side af mig. Vi danser alle rundt mellem hinanden, og jeg udfordrer mig selv ved at danse mere og mere, som min krop kan lide det, og ignorere tanken om, hvordan jeg tror, bevægelserne eller min krop skal se ud.

Efter dansen står vi et øjeblik stille fordelt i hele rummet og modtager instrukser. Jeg får lyst til at prøve noget nyt, mens jeg står nøgen blandt alle disse mennesker. Jeg lægger mine hænder på min bløde, bulende mave. Mens jeg mærker skammen og ulykkeligheden stige op i mig, holder jeg blidt om den. Trækker vejret dybt ind og ånder ud. Mine hænder flytter sig ikke, men kærtegner maven med små bevægelser. Min mave, størrelsen og udseendet af den, har gennem alle årene fyldt mig med skam. Jeg lægger mærke til min lyst til at forsvinde fra min krop, men i stedet overvinder jeg mig selv og ser mig omkring. Kigger op og ud i stedet for at krybe sammen. Det er fantastisk at kigge ud over de mennesker, jeg står sammen med, samtidig med, at jeg mærker mine hænder på min mave. Ingen kigger på mig som sådan. Jeg føler ro og accept i min krop – det begynder ligefrem at føles behageligt og kærligt. ”Her er min mave, verden,” tænker jeg for mig selv.

Hele dagen forbliver jeg nøgen og mærker vekslende grader af rædsel, afsky, sårbarhed, afspænding, kærlighed, accept blandet ind imellem hinanden. Især da jeg sætter mig på gulvet sammen med de andre i rundkredsen og lader mave og bryster flyde ud. Dyb indånding. Uanset hvad jeg foretager mig med kroppen, mærker jeg en kæmpe nysgerrighed og vilje til, at den negative kodning, jeg på et tidspunkt har sat på min krop og levet med i 34 år, skal undersøges og udfordres.

30

Summer Camp foregår i Sveriges smukke natur med skov, æbletræer, skovsø, sauna og de karakteristiske træhuse. Gruppen er optaget af at lære hinanden at kende på en måde, som man normalt ikke mødes på. Her er stort set ingen ”Hvad laver du til daglig?” spørgsmål, men mere ”Hvorfor fik du lyst til at komme her?” Meget af vores omgang med hinanden foregår uden ord med forskellige øvelser, som vi kaster os ud i. Vi undersøger relationer, grænsesætning, lyst og behov i en sikker container af: ”Vi har alle lyst til at udforske relationer med stor grad af autenticitet” og en accept af forskelligheder. En slags relationslaboratorium. Min tid er meget dedikeret til at relatere med min spæde nye kodning på min krop. Og da jeg hver dag tilbringer mange timer nøgen blandt de andre, får jeg en bedre og bedre kontakt med mig selv. Jeg vågner op en morgen og føler mig som den mest sexede kvinde i universet. Så sexet, at jeg er nødt til at fortælle det til de andre i vores daglige gruppedeling. ”Jeg er en sexbombe, kan I ikke se det?" spørger jeg ud i forsamlingen. Det er morsomt og befriende, og livsenergien suser i min krop.

Ordet autenticitet giver mig et pejlemærke for min måde at agere, føle og tænke på. Jeg vil ikke længere skjule for mig selv, hvordan jeg har det, eller hvordan jeg reagerer på forskellige situationer. Det går op for mig, hvor optaget jeg har været af at overbevise mig selv om, at jeg ikke skammer mig over min krop, fordi det vil være en dobbelt skam. Jeg lægger mærke til, at der er mænd, som jeg ikke snakker med, fordi jeg føler mig for tyk. Eller at jeg holder vejret, og mentalt forsvinder en del fra min krop, når jeg skal være fysisk tæt på andre. Jeg frygter, at min krop vil vække en afsky i andre, og jeg er bange for at give mig hen i en relation. Give mig hen som i at nyde eller slappe af i et kram, en øjenkontakt eller lignende for derefter at spore en utilpashed i den anden. Dette uanset om det er en mand eller kvinde. De mange indsigter og fornemmelser i min krop viser mig, hvad jeg har været bange for, og at den frygt er overdrevet. Jeg føler en styrke og tryghed i min krop, som jeg ikke har følt før.

Maden, vi spiser, er varieret, frisk og hovedsagelig vegetarisk. Det er en nydelse for mig at spise alle måltider sammen med de andre, og det giver mig en stor tryghed. Det eneste, jeg skal gøre, er at vælge fra buffeten tre gange dagligt. Selskabet og strukturen på måltiderne er god for mig og gør mig i godt humør. Min trang til at overspise i sødt og fedt dukker stort set ikke op, når jeg spiser reelle måltider regelmæssigt i godt selskab. Det føles som et helle.

31

"Min hemmelighed er, at jeg er tyk"

Kvinderne i cirklen ser op på mig, mens jeg går rundt og kigger hver og én i øjnene. Smerten indeni overvælder mig. Jeg græder, hvilket normalt er en stor overvindelse for mig, men i stedet for skam mærker jeg en bølge af befrielse og taknemlighed. Disse kvinder er her for at lytte til mig og høre mig fortælle min bedst bevarede hemmelighed. "Jeg er tyk," fortæller jeg dem. Nu er det sagt. Jeg deler med dem, at jeg siden mine teenageår har prøvet at skjule det faktum, at jeg er tyk. Dels udenpå, men også i en sær, indvendig manøvre, hvor jeg har holdt vejret og gemt skammen og skylden væk for at kunne eksistere. Dermed har jeg også psykologisk gemt min tykhed væk for andre og mig selv. Da jeg siger det højt, tager jeg skammen og ydmygelsen på mig, men det eneste jeg kan mærke er, at jeg føler mig tryg og stærk i min krop. Jeg er tyk. Det er ikke farligt, sådan som jeg har troet og følt i mange år.

Nu da jeg har åbnet op, fortæller flere kvinder om deres forhold til deres egen krop. Jeg er overrasket og nysgerrig. Få lader til at være virkelig komfortable. Rigtig mange smukke og slanke, på ydersiden "perfekte", kvinder, har komplekser. Én af de kvinder deler, at hun har fået foretaget en fedtsugning på maven, hvilket hun har skammet sig over lige siden og hemmeligholdt for omverdenen. Hun kigger på mig og siger, at hun ville ønske, at hun stadig havde sin bløde mave – nu er den flad med et stramt maveskind, som man ser den på kvinder i bladene. Men hun føler, at hun har givet køb, og at den flade mave ikke har givet hende det, hun ønsker sig. Min deling af, at jeg vil være med min krop, som den er, har bragt hende sorg, fordi hun i bund og grund ønsker det samme. Men nu er den bløde mave væk.

Siden jeg kom til sommerlejren og har vist min krop, som den er, er jeg overrasket over, så meget positiv feedback jeg får. Alt fra den måde jeg bevæger mig på til min mælkehvide hudfarve. Der er så mange positive ting at bemærke, nu da jeg er åben for, at andre kan se min krop. Det bliver også mere og mere tydeligt for mig – gennem alt det vi deler med hinanden i de to uger – at de uudholdelige følelser af værdiløshed, nederlag og ubehag, som jeg tilskriver min tykke krop, også deles af andre, slanke, mennesker. Jeg får med andre ord en ganske klar oplevelse af, at det ikke er min krop og min tykhed, der skaber uro og følelsen af værdiløshed i mig. Det er et vilkår for mange mennesker, uanset hvor slanke eller smukke de ser ud.

Det overrasker mig at indse, at jeg stort set ikke befinder mig i min krop fra mine tidlige teenageår og frem til i dag. I stedet skyer jeg den. Jeg *kan ikke* leve med den, når den er så forkert. Og min dysmorfe tankegang omkring min krop og vægt står uimodsagt gennem alle årene, da jeg ikke deler den med nogen. Jeg blev tidligt bekræftet i den af min mor og lægen, andre i mine omgivelser samt kulturen og medierne, og jeg kunne ikke se andet. Og således fortsatte jeg ad den sti, som blev grundlagt i barndommen, med en krop, jeg ikke kunne udholde at være i.

32

"Hun overskred en grænse"

Der er i vores gruppe opstået en kontrovers mellem en mand og en kvinde. Det er ikke lykkedes for de to at komme overens med samtaler dem i mellem, så det bliver besluttet at holde en mediation med hele gruppen af 70 mennesker som vidner. I det øjeblik jeg træder ind i rummet og sætter mig i rundkredsen, kan jeg mærke en uro i mit bryst, som om noget ubehageligt er på vej. Jeg tænker ved mig selv, at det er en konfliktskyhed, og at jeg måske er nervøs på de to personers vegne. Men da mediationen går i gang, får jeg en klar fornemmelse af, hvor ubehaget stammer fra.

I mine tanker er jeg pludselig tilbage i vores køkken som 13-årig, og jeg kan mærke, hvad der skete, dengang jeg kom hjem fra lejrskole, og min mor kommenterede min vægt. Hun overskred min grænse! Det var ikke gået op for mig før. Hun havde jo ret i det, hun sagde – jeg havde taget på, Men jeg brød mig ikke om, at hun kommenterede på min krop og slet ikke i det tonefald. Som om jeg havde begået en forbrydelse. Min mor var kommet for tæt på: hun havde sat sig til dommer over min krop. Mit inderste blev knust over vægten af hendes ord. Jeg fik følelsen af, at jeg ingenting betød – min krop betød alt. Og jeg fik sidenhen behov for at skabe en grænse mellem hende og mig. En stærk én.

I årevis har jeg haft dårlig samvittighed over ikke at dele mit inderste med hende (selvom hun anglede efter det). Ikke at række ud til hende. Ikke at bede om hjælp til det, som jeg følte var mit eget problem. Men af forskellige grunde forstår jeg nu så inderligt mig selv. Hvem ville have lyst til det?

Og mens jeg lytter og observerer, hvad der foregår i midten af salen, folder mit indre den smerte ud, som jeg følte dengang. Mit bryst trækker sig sammen i et voldsomt ubehag, mens det prikker og stikker i min mave. Jeg kan ikke holde tårerne tilbage, jeg har lyst til at lægge mig ned og hulke. Det er så ubehageligt og stort på samme tid. Den klarhed, jeg får på min reaktion fra den gang, er en stor befrielse. Jeg blev vred og med god grund! Hun havde ikke ret til at kommentere negativt på min vægt. Hvad fanden har hun tænkt på? Jeg mærker min skam, fortvivlelse og vrede. Følelserne kører rundt og regerer i skiftevis min mave og mit bryst. De to personer på hver sin side af mig holder mig i hånden, mens vi lytter til mediationen i halvanden time, og jeg gennemgår min egen indre proces imens. Jeg er glad for, at det dukker op, netop som jeg har mennesker omkring mig.

Da mediationen er overstået, er min indre trykkoger det langt fra. Jeg mærker en diffus ulykkelig følelse i kroppen – jeg ved godt, hvad det drejer sig om, men hvordan skal jeg tackle den? Jeg har svært ved at bede nogen om hjælp. For hvad skal jeg sige? Jeg føler skam over, at min mors ord gjorde så ondt på mig. Jeg føler skam over, at hun overhovedet sagde dem til mig. Jeg skammer mig over, at hun ikke bare kunne elske mig, som jeg var. Jeg skammer mig over min skam.

Der er flere mennesker, som spørger til mig, da det er tydeligt, at jeg er meget ulykkelig. I stedet for at overgive mig til deres kærlige nærvær, trækker jeg mig lidt væk. Det er en velkendt reaktion, og jeg bærer over med mig selv. Jeg må give mig selv lov til at tage alt dette i mit eget tempo. Den grad af åbenhed og reel dybde, som jeg oplever her, og som jeg selv har bidraget til, må jeg tage ind i bidder.

Jeg sætter mig alene ned til søen på en stor sten. I læ af sivene stiller jeg hende det spørgsmål, som jeg aldrig har stillet før: ”Hvorfor sagde du: 'Du har taget på', dengang jeg kom hjem fra lejrtur? For mig lød du vred og anklagende.” Hun svarer: ”Hvor vover du at tage på, så det bliver endnu sværere for mig at elske dig?” Jeg spørger hende: ”Hvad har min vægt med din kærlighed til mig at gøre?” Hun siger: ”Jeg kan dårligt elske mig selv, og jeg har brug for, at du er perfekt, ellers kan jeg ikke elske dig. Hvor vover du at tage min kærlighed til dig fra mig med din overvægt?” Jeg siger til hende, at det er ok, at hun ikke kan elske mig. Jeg har det godt og har ikke brug for, at hun elsker mig. Det gør hende irriteret – ikke ked af det, men irriteret. ”Jeg har brug for dig i mit liv, så jeg ikke skal leve det selv, og så går du hen og fucker det op!” Jeg siger til hende, at jeg ikke kan eksistere for hende. Og ganske usædvanligt føler jeg for første gang taknemlighed mod hende. ”Jeg takker dig for at have båret på mig i 9 måneder og givet mig et trygt hjem, indtil jeg var klar til at komme ud. Tak, fordi du fødte mig til dette liv, som jeg elsker.” En følelse af dyb taknemlighed fylder mig, og da jeg rejser mig op og går tilbage mod hovedbygningen og resten af gruppen, føler jeg mig stærk og fri.

33

”Mit ønske er at frigøre mig fra frygten for at frastøde andre med min krop”

Mine ord bliver læst op i cirklen af 70 mennesker. Rummet emmer af tempelstemning. Den lyse træsal, vi til daglig bruger til morgendans, samling, krammerum osv., er for nogle timer denne aften omdannet til et helligt og healende rum. Levende dæmpet lys og blomster samt gennemsigtige stofpaneler hænger ned og er med til at skabe en hulestemning. De af vores gruppe, som står for denne aften, er klædt på som tempelriddere med striber af hvide aftegninger i ansigtet. Vi entrerer rummet på række og sætter os i en rundkreds. Alle er stille, mens ritualistisk musik spiller. Det er aftenen, hvor de mennesker, som har skrevet et ønske til disse tempelriddere – eller ”Desire Midwifes”, som gruppen kalder sig – kan få et af deres dybeste ønsker opfyldt.

Aftenens toastmaster er et par linjer inde i oplæsningen af mit brev, før det går op for mig, at det er mine ord, og at jeg vil få mit ønske opfyldt. Brevet lyder således:

Mit ønske er at frigøre mig fra frygten for at frastøde andre mennesker med min krop. Jeg har brug for 3 personer, som kan hjælpe mig ved med deres egne ord at kommentere på dele af min krop og fortælle mig, hvorvidt de er tiltrukket eller frastødt. Jeg ønsker 2 mænd og 1 kvinde, som har lyst til at udforske deres egen reaktion på at fortælle deres sandhed, hvordan den end er. Jeg forestiller mig at stå nøgen med de 3 personer siddende rundt om mig.
Kærlig hilsen Marlene

Jeg bliver rørt og nervøs på samme tid. Brevet læses op anonymt, og jeg skal blot rejse mig og tage imod mit ønske. Eller jeg kan vælge at blive siddende, hvis jeg alligevel ikke ønsker at indløse det. Jeg er ikke i tvivl, så jeg rejser mig op og tager min kjole af. Nøgen betræder jeg langsomt firkanten i midten, hvor opfyldelsen af mit ønske vil blive bevidnet af de andre deltagere. De to mænd og en kvinde, som er blevet fundet til mig, sætter sig rundt om mig, mens jeg bliver stående. Jeg har været nøgen meget af tiden sammen med alle disse mennesker, så jeg er ok med at stå nøgen og blive betragtet. Der, hvor jeg mærker en smule tøven, er, da jeg skal begynde at nævne kropsdele, som jeg gerne vil høre deres mening om. Nu vil det blive klart for alle, hvad jeg inderst inde selv har en usikkerhed omkring. Sårbarheden er til at føle på.

Jeg starter med min mave, som er stor og blød og rund. Den er todelt, som en af de to mænd også bemærker. Han siger videre, at han ikke har set sådan en mave før – som er todelt. Ordene lander i mig, jeg bemærker, at jeg holder nogle følelser på afstand, som om jeg ikke tør folde min reaktion helt ud. Jeg trækker vejret dybt og ånder langsomt ud. Det er en følsom balancegang mellem mit ønske og de tre personers egne grænser. Hvor ærlige tør de være? Den anden mand siger, at han på en skala fra frastødt til tiltrukket ligger i den øvre ende af frastødt. Jeg lytter til hans ord og mærker efter, hvad de gør ved mig. De lander fint og blødt. Jeg stoler på disse mennesker, og jeg er meget opsat på at gå direkte gennem denne frygt – ud på den anden side. "Min bagdel," siger jeg og vender mig om. Den ene mand beskriver den for mig. "Den ser lidt sjov ud, som om der er et hak ind foroven og så flader den ud forneden." Vi griner begge to. "Jeg er ikke frastødt af den, men heller ikke tiltrukket. Jeg er neutral," slutter han.

Min største overraskelse er, at ingen af mændene er frastødt af de deller, som sidder på hver sin side af ryggen. "Rygdeller" – åh, hvilket skammeligt ord. Dem er der da vist ingen, som nogensinde har ønsket sig. Begge mænd mener, at de er søde og er tiltrukket af dem. Livet er nogle gange på hovedet! Efter at have været igennem mave, rygdeller og bagdel slutter vi af med mine bryster. Dem er de alle tre vilde med. Det interessante ved dem er, at de på ingen måde ligner nogen af dem i bladene. Ja, de er store og fyldige, men de vender også sydpå, består blyantstesten ganske glimrende, og området omkring brystvorten er stort – ligeså brystvorterne. Det er jo ikke i nærheden af de idealer, vi ser fra medierne. Da vi er færdige med seancen, giver jeg dem alle tre et langt kram. Kvinden har jeg i forvejen følt mig forbundet til, men de to mænd har jeg ikke haft meget at gøre med før. Jeg mærker, at jeg føler mig endnu mere forbundet med dem, og jeg er dybt taknemlig over deres mod.

I dagene efter denne seance kan jeg stadig mærke frygten for at frastøde andre med min krop. Det bliver dog mere og mere klart for mig, at det er kroppen, jeg kaster ind foran mig, når jeg oplever frygten for afvisning eller lign. Forstået på den måde, at jeg konkluderer, at det handler om min krop og dens størrelse, når det i virkeligheden handler om min frygt for at blive afvist. Punktum. Ikke på grund af min krop, men på grund af min overbevisning om, at jeg er afskyelig og umulig at elske.

De andre i gruppen har set mig danse nøgen, sidde på gulvet nøgen, dele i cirklen nøgen. Ryste kroppen godt igennem til musik – nøgen. Der er ikke noget at skjule, og jeg elsker det. Og nogle gange hader jeg det. Min misundelse på de "små nips", som der findes masser af i lejren, kommer kun en enkelt gang på besøg. Til gengæld kommer et af de små nips hen til mig en dag og fortæller mig, at hun ville ønske, at hun bevægede sin krop så sensuelt og kvindeligt som mig. Havde jeg siddet på en stol, var jeg faldet af den. En anden smuk slank kvinde komplimenterer min lyse hud. Jeg opdager, at jeg er ved at løbe tør for ting, som jeg kan regne ud på forhånd. Det er ikke, fordi jeg har brug for, at andre fortæller mig, at jeg er smuk, hvis de ikke mener det. Men at få feedback på min krop på måder, som jeg ikke selv har set den, giver mig mod og tro på, at den her krop, som jeg bebor, er helt ok. Og *den* følelse er forfriskende ny.

34

"Hvordan kunne jeg glemme, at jeg er frastødende?"

Det er sidste aften, og vi holder fest. Stemningen er god, men også med en følelse af, at vi har lyst til at blive. Sammen. Men sommerlejren er ved at være forbi. Under hele opholdet er der blevet fotograferet, og de fotos bliver nu delt med os alle på storskærm. Billederne fortæller historien om vores to uger sammen – 70 mennesker, som ikke kendte hinanden før, men som nu kender hinanden på et forunderligt dybt plan. Dybere, måske, end deres egen familie og venner hjemme.

I rækken af fotos spejder jeg uvægerligt efter et af mig. Og da jeg får øje på mig selv i et foto – mig siddende nøgen på gulvet i en rundkreds, fryser mit indre til is. Jeg er fed, og mine bryster og mave falder i en kaskade ned foran. En deform klump, er jeg. Det er et genbesøg af den rædsel og skam, som jeg har levet med i over 34 år omkring min krop og dens udseende. Uanset at jeg føler, at jeg lyser indvendigt, så er mit kritiske ydre blik på ingen måde fulgt med. Dyb skam og fornedrelse dunker gennem mine årer, og mit indre trækker sig sammen. Hvordan kunne jeg i bare ét sekund glemme, at jeg er frastødende og ikke fortjener at leve? Det er ikke en suicidal tanke – det er en tanke, hvis formål er at få mit indre til at skrumpe ind til ingenting. At få mig til at stoppe med at leve og blot eksistere. Uden berettigelse. Fordi jeg er tyk. Slaget er så hårdt, at jeg efter en halv times tid må trække mig fra festen. Følelsen af skam er for stærk.

Jeg er omgivet af 69 nye venner, som jeg stoler på, men jeg kan ikke række ud. Ikke med det her. Det gør for ondt at sige højt og møde lige på og hårdt, og en af mine gamle forsvarsmekanismer træder i kraft. Jeg holder min reaktion for mig selv og går i seng, mens jeg dog holder kontakten med den skræk og ulykkelighed, som har indtaget min krop. Det var ikke den afslutning, jeg havde forestillet mig, men jeg er opmærksom på at bevare roen og tro på, at jeg ikke er slået tilbage til start.

Næste dag er sidste dag på Summer Camp, og dermed gør vi klar til at sige farvel til hinanden. Jeg har fornemmet og tænkt på min reaktion fra aftenen før, og mit nervesystem er faldet noget ned. Jeg er blevet klar over, at min *indre* følelse i min krop er ganske afslappet, glad, frydefuld og nysgerrig. Mens blikket på min krop stadig styres af mit sind, som nådesløst skærer mig ned "til passende størrelse". Dum, fed og grim. For første gang oplever jeg kontrasten mellem mit syn på mig selv og følelsen i min krop så stor, at jeg kan få øje på den.

Jeg trækker vejret dybt og mærker igen efter i min krop, som føles behagelig og afslappet. For at sætte spotlight på mit meget kritiske ydre blik på mig selv, får jeg sagt det højt til gruppen af kvinder, som jeg gennem de seneste 14 dage på sommerlejren har mødtes med hver morgen. Uanset om jeg føler afsky eller glæde over min krop, kan jeg for første gang rumme begge dele, og jeg har ikke trang til at jage noget af det væk. Og jeg kan erkende det overfor mig selv og nogle gange endda sige det højt til andre.

Oplevelserne fra Summer Camp sidder i mig, da jeg kommer hjem. Min krop husker tydeligt følelsen af en enorm frihed.

35

"En traumatisk reaktion?"

Omgivet af de smukkeste grønne bjerglandskaber og et meget gavmildt septembervejr fuldt af solskin, lærer jeg i Kiental, Schweiz, om traumer. Her er traume forstået som: "At være alene med for meget". En form for overvældelse, som har sat sig fast og afføder en traumatisk reaktion, hver gang den bliver trigget. Vi hører om "Vinduet af tolerance", som er der, hvor vi føler, at vi kan klare de udfordringer, som opstår. Udenfor vinduet af tolerance er der enten en hyper- eller en hypotilstand, som kan aktiveres ved en trigger. Hyper betyder, at vi kommer i alarmberedskab såsom kæmp, frys eller flygt, mens hypo betyder, at vi kommer i en form for dvale eller apati såsom at krybe (ekstrem people pleasing) eller apati (simuleret død).

Det er i lighed med Summer Camp en tryg gruppe af mennesker, jeg er sammen med. Jeg føler, at jeg kan være ægte og udtrykke mig selv. Alligevel har jeg de fleste af de 5 dage, vi er sammen, en meget insisterende følelse af, at jeg er for fed og grim. Der er en velkendt anspændt fornemmelse i mit bryst og min solar plexus. En murren, som ikke vil lade mig være i fred. Jeg ved ikke, hvad der har trigget den fornemmelse, som jeg ellers følte mig fri af i Summer Camp 2 måneder tidligere. Det går op for mig, at jeg aldrig har omtalt denne følelse for et andet menneske, og jeg kan heller ikke få mig selv til det denne gang. Men jeg trækker vejret dybt og ånder ud og gør mit bedste for at støtte mig selv og min krop gennem dette ubehag.

På kursusdag 4 sidder jeg om morgenen i mængden af de 40 andre deltagere, og her kommer en fornemmelse til mig. At jeg, uanset om jeg er overvægtig eller ej, afventer og forbereder mig på at få noget negativt at vide om min vægt (eller mig i al almindelighed). En frygt for at mærke det smertefulde kaos, som en enkelt bemærkning om mig måske kan udløse. Som min mors bemærkning efterlod i mig, da hun kommenterede min vægt – som det eneste – da jeg kom hjem efter 5 dage på lejrskole. Jeg frygter ordene, fordi jeg frygter den overvældende følelse af skam, raseri og tilintetgørelse, som sætningen bragte med sig. Så det giver mening, at selv når jeg er slank, kan jeg frygte at få en kommentar omkring min vægt. For det handler dybest set ikke om min vægt. Det handler om, at jeg følte mig fornedret som menneske af min mor. Derfor også min initiale reaktion dengang: "Hvorfor siger du sådan noget til mig? Hvad har jeg gjort?" Jeg frygter, at der en dag skal falde en bemærkning som hendes, der vil destruere mig.

Det oplever jeg oftest, hvis nogen gerne vil give mig et godt råd omkring vægttab, træning, kost eller lign. Det uanset om det gode råd er pakket ind i en tilsyneladende uskyldig bemærkning om, hvordan den person selv tænker om kost og træning. Jeg har ofte hørt sætningen: "Jeg får det bare så godt af at gøre noget godt for mig selv, når jeg træner og spiser sundt". Åh, jo, jeg har hørt den og forstået budskabet. Sætningen starter straks en traumatisk reaktion indeni, og jeg har ofte forladt min krop for ikke at mærke reaktionen. For ikke at virke nærtagende eller uhøflig. Men virkeligheden er blot, at det trigger min følelse af skam og mindreværd, som truer med at tilintetgøre mig. Uanset hvor godt et råd, det er. Og det er også efterhånden min klare ledetråd: Mit nervesystem er kodet til at opfatte al snak om vægt, træning og mad – hvad enten det er andre, der taler til mig, eller mig, som tænker noget om dette emne - som en trussel mod min eksistens. Jeg kan med andre ord ikke indgå i nogen form for kontrol omkring træning og kost uden at trigge mig selv. Jeg er nødt til at omkode mit nervesystem og tilgå alt, hvad der handler om min krop, med yderste nænsomhed.

Jeg har gennem alle årene haft en tro på og er blevet bestyrket i udefra, at jeg ville få det godt, hvis jeg tabte mig. Slankebøger, ugebladsslankekure, bøger, film, mennesker omkring mig. Altid blev jeg opmuntret til at tabe mig. Før behandlingen for bulimi havde jeg aldrig oplevet at blive opfordret til ikke at tabe mig. Så overbevisningen omkring min overvægtige krop havde alle årene været, at jeg skulle tabe mig.

Præmissen var, at vægttabet ville gøre mig godt. Hvad jeg kan se i dag er, at jeg altid var glad for at tabe mig, men jeg fik det ikke *godt* af det. At tabe mig løste ikke mit problem med at mærke min krop og mit konstante mønster med at fjerne mig fra den. Jeg fik ikke gennemlevet eller mærket den forkrøblende skam og mindreværd. Det gjorde jeg først, da jeg havde mod til at tage skammen på mig i Summer Camp og være med min krop i alle situationer. Det åbnede op for en helt ny oplevelse af den. Det gav mig rum og frihed til at begynde at *mærke,* hvad der skete i mig. Uden nogen form for pres eller forventning om, at jeg skulle forandre mig.

36

"Farvel og tak for alt det du gav mig"

Nogle uger inden kurset i Schweiz har jeg haft en interessant oplevelse alene med mig selv. Gennem det seneste år har jeg igen og igen fået en fornemmelse af, at jeg må gå igennem min krop og ikke udenom min krop for at kunne slutte fred med den. Hver gang tanken kom, har jeg kunnet mærke, at den var rigtig, men også at jeg havde modstand imod det. Jeg var så bange for eller ked af at give slip på drømmen om at blive slank. Modet og indsigten kommer dog til mig en aften, hvor jeg skriver et afskedsbrev til den drøm, som har været med mig siden 13-års alderen. Den slanke version af Marlene. Jeg ser ganske tydeligt, at jeg må lade hende gå, så noget nyt kan blomstre frem. Hun står i vejen for den vej, jeg nu betræder. Den vej, hvor jeg ikke forsøger at tabe mig eller gøre noget som helst ved min krop andet end at bebo den og mærke den ned til mindste detalje.

Da jeg begynder at forfatte brevet, er det som om, det har ligget klar i min underbevidsthed. Det er meget følsomt for mig, og jeg mærker en knugende sorg i mit bryst. Præcis, som hvis jeg var i gang med at skrive til mit livs største kærlighed for at sige farvel. For at afslutte en dyb og nærende kærlighedsaffære, fordi vi er vokset fra hinanden. Det gør ondt, og jeg græder og græder. Jeg er noget forundret, men min reaktion siger mig, at jeg har fat i det helt rigtige. For hvordan kan en drøm om en slank krop vække så dybe og stærke følelser? Da jeg læser brevet op for mig selv, kan jeg se det. Hun har reddet mit liv. Brevet lyder sådan her:

Kære slanke udgave af Marlene
Åh, hvor har jeg elsket at være sammen med dig!
Både i de korte intervaller i mit liv, hvor du var til stede fysisk, og specielt i mine tilbagevendende fantasier om dig. Jeg elsker din skønhed, din sødme og dine smukke kjoler! Med din skønhed og slanke krop fulgte løftet om et liv fuldt af tryghed, vigtighed og status, opmærksomhed og at være begæret, af kærlighed og accept i min familie og samfundet.
Jeg ærer din tilstedeværelse i mit liv og den måde, både din fysiske men også drømmeagtige tilstedeværelse holdt sammen på mig på tidspunkter, hvor jeg følte mig alt for uværdig, svag – direkte frastødende - til at være en del af denne verden. Over årene, gennem mine tidlige teenageår og frem til i dag, skinnede dit lys så kraftigt, at jeg så en grund til at blive her.
De seneste måneder har jeg udforsket nye territorier både indeni og udenfor mig selv, som har givet mig adgang til en

uanet mængde skønhed, kærlighed og glæde indeni mig selv, som jeg tidligere var afskåret fra at mærke. I hvert fald troede jeg, at jeg var afskåret fra det. Det viser sig, at det er jeg ikke. Derfor skriver jeg for at fortælle dig, at jeg nu er klar til at give slip på dig. Du skal vide, at jeg aldrig vil glemme dig, og jeg er for evigt taknemmelig for hvert øjeblik, du blev hos mig og bidrog til mit liv.
Kærlig hilsen Marlene

Brevet blev skrevet med en lethed og var så smukt, at jeg ikke kunne læse det uden at græde. Jeg følte mig ikke parat til at give slip, men det var helt sikkert tid.

I månederne efter at jeg har skrevet brevet, deler jeg det med nogle stykker. Hver gang er der en melankolsk smerte forbundet med at sige farvel. Det er ganske overraskende for mig, at jeg kan skrive et brev til en drøm, som viser sig at have så meget følelsesmæssig energi bundet til sig. Det falder mig ind, at jeg muligvis skal skrive et brev til mit nuværende selv, men jeg vil vente, til jeg føler inspirationen til det. Det er ikke endnu.

Da jeg læser brevet op for den gruppe kvinder fra sommerlejren, som jeg stadig ses med via computeren, er der én af dem, som reagerer med uro på mine vegne. Hun er en slank, smuk kvinde, som har fortalt om sin vej i livet med en spiseforstyrrelse. Det er ikke svært for mig at forstå hende. Havde jeg ikke taget vejen gennem min krop, havde jeg muligvis følt for meget angst til at kunne slippe denne drøm. Men hendes uro fortæller mig noget om, hvor langt jeg er kommet. Jeg ønsker at møde mit selvhad, mit vaklende selvværd, min ætsende skam, hvordan det end dukker op. Og fordi jeg nu har kontakt med min krop, er det muligt for mig at gennemleve det. Jeg ved, hvad min krop kan, jeg tør være sammen med den, og jeg tør bebo den. Uanset om den er tyk eller slank.

37

"Der er ikke noget monster under sengen"
Nogle måneder efter det 5-dages traumeforløb i de Schweiziske alper begynder det at gå mere og mere op for mig, at jeg siden 13-års alderen har haft en fobisk reaktion på min krop. Min mors bemærkning om min vægt efter lejrturen afstedkom en frygt og foragt for den. Min læges udtalelser om sammenhængen mellem intelligens og overvægt nogle år senere cementerede min frygt. Deres udtalelser mødte ingen modstand. Ingen fortalte mig: "Der er ikke noget monster under sengen." Når jeg mærkede den dybe skam og rædsel over min egen krop og det at være tyk, forstod jeg ikke, at det var en reaktion, som var ude af proportioner.

Ligesom med enhver anden fobi har mit nervesystem reageret kraftigt på enhver tanke og ethvert udsagn omkring min krop lige siden dengang. Hvad enten den kom fra mig selv eller andre. Og når det traume blev aktiveret på daglig basis, f.eks. når jeg kiggede på mig selv i spejlet nøgen, eller hvis jeg bulede på den forkerte måde, selvom jeg var slank, måtte jeg ty til mine kendte forsvarsmekanismer. Jeg kunne ikke bære at mærke skammen, som en sammentrækning i brystet og tilbageholdt åndedræt, så jeg holdt vejret og flygtede ind i drømmen: "Når jeg en dag bliver slank ..."

Inden jeg var nået frem til denne mere strukturerede måde at se min reaktion på min egen krop på, var jeg intuitivt selv nået frem til, at jeg måtte afspænde min krop og være med den uanset hvad. Og her kom Summer Camp ind i billedet, som en fantastisk mulighed for det. Være nøgen, sidde på gulvet nøgen, bule ud, ryste røv – alt sammen mens jeg forblev tæt sammen med mine kropslige reaktioner og sammentrækninger, som disse oplevelser gav. Behag som ubehag. Og jeg bemærkede, at med hver handling, som afstedkom skam og den velkendte sammentrækning i kroppen, gik det stærkt med at gennemleve dette alene ved at være opmærksom på reaktionen og trække vejret ind i det. En dyb indånding og lang udånding kunne ofte løfte skrækken, så jeg kunne mærke, hvad jeg også følte. Kontakt med min krop, varme i min krop, glæde ved min krop. Liv i min krop, seksuel energi i min krop. Min krop blev levende for mig på en måde, som jeg ikke kunne huske at have oplevet før. Der var intet at være bange for.

38

"Skal vi være nøgne sammen?"
Hans hånd glider hen over min nøgne ryg. Mit hoved hviler på hans arm, og jeg mærker en anspændthed indeni. Vi har stort set lige smidt tøjet og er hoppet i seng. Joken mellem os har været, at jeg godt kan lide at være nøgen, og nu skal vi være det sammen. Og selvom det er sandt, at jeg elsker at være nøgen, er jeg også bevidst om, at jeg føler mig sårbar. Jeg er fast besluttet på, at jeg vil mærke og bebo min krop fuldt ud, når jeg er sammen med en mand, men jeg ved ikke præcis, hvordan jeg skal komme derhen.

Forud for vores første private møde har jeg observeret min egen undren. Jeg har genspillet det i mit hoved. Ja, han *har* set mig i denne vægtklasse, vi har jo nærmest lige hængt ud i en anden social sammenhæng. Nej, han kan *ikke* være uvidende om, at jeg er tyk. Ja, han *må* være interesseret i mig. Men også seksuelt? Ja, det tyder på det. Men jeg er jo tyk. Ja, det ved jeg. Men alligevel. På trods.

Nogle gange får jeg at vide – også af mig selv, at udseendet på kroppen ikke betyder noget, og jeg ånder lettet op. Der er også plads og kærlighed til mig: det er heldigvis det indre der tæller. Underforstået, at kroppen … tjaaa. *Heldigvis* er det det indre, der tæller. Men det er vel en fornærmelse mod kroppen? "Udseendet på din krop … tjaaa. Men du er jo sød og sjov og intelligent nok." Fuck, hvor er jeg færdig med det.

Nu ligger jeg nøgen her ved siden af ham og kan intet mærke udover en anelse rådvildhed og en lille smule spænding. Jeg flytter mig lidt, så mine arme ligger bøjet foran mig, og mit hoved hviler på dem. Han bemærker, at han ikke har set mig sårbar før. Hans ord gør mig glad – han ser mig – og de afslører mig, hvilket gør mig irriteret på mig selv. "Du kan ikke bare ligge sådan her," tænker jeg. Men jeg lytter ikke, flytter mig ikke. Jeg er heldigvis ikke længere så god til at skjule, hvad jeg føler. Mig der er åh så frygtløs og udadvendt og kæk og …

Vi kysser og hans initiativrige hænder begynder at røre ved mig. "Kan vi bare ligge her og kigge hinanden i øjnene?" spørger jeg, da jeg frygter, at vi er på vej i en retning, som jeg har prøvet mange gange før, og som jeg ikke længere er særlig interesseret i. Den retning, som betyder, at nu vil han i gang med at "varme mig op". Skematisk er han startet med brysterne og er begyndt at bevæge sig længere sydpå, da jeg stopper ham. Han er heldigvis ikke fornærmet over min afbrydelse og vil gerne opfylde mit ønske. Så nu ligger vi igen ved siden af hinanden og kigger hinanden i øjnene. Det er dejligt. Jeg mærker en let varme begynde at risle stille gennem min krop. ”Du sukker?” siger han smågrinende, da jeg tager en dyb indånding og ånder ud med lyd, og hans udbrud antyder for mig, at han tror, jeg keder mig eller ikke er tilfreds. ”Nej, nej,” siger jeg. ”Jeg vil bare virkelig gerne være i kontakt med min krop, når jeg er sammen med dig.” Øjenkontakten og åndedrættet er én måde at gøre det på, og jeg føler, at jeg synker lige så stille ned i min krop. Samtidig mærker jeg en svag irritation og usikkerhed over, at det skal gå så stærkt, og at det skulle være så mærkeligt, at jeg lige har brug for at mærke mig selv.

Det er en anderledes oplevelse af mig selv at insistere på at være langsom. Ikke at forcere min lyst, men være helt opmærksom på, at jeg mærker min krop. Indefra. Han viser sig at være dejligt åben og god til at fortælle mig, at han synes, det er skønt, at jeg mærker efter, at han ikke forventer noget bestemt af mig, og at han bare gerne vil have, at jeg har det godt. Da han siger, at det er dejligt for ham at røre ved mig, skyder en varme gennem kroppen. Det giver mig en enorm tryghed, at han kommunikerer så tydeligt. Min lyst rører på sig, men jeg vil gerne i endnu dybere kontakt med hver en centimeter af min krop.

Han spørger mig, hvad jeg gerne vil have ham til at gøre, og jeg åbner op for de forslag, min krop begynder at komme med. ”Vil du massere min mave?” spørger jeg. Jeg ved af erfaring, at en mands berøring på ”farlige” steder kan afstedkomme tilbageholdt åndedræt, en stærk anspændthed og dissociation fra min krop. Min mave er tyk og uformelig i mine øjne, og jeg frygter, at han føler sig frastødt af den. Så jeg vælger at gå efter at møde den frygt.

Der er mange følelser i min mave. Varmen fra hans hænder på mit bulede maveskind trænger dog ikke rigtig ned gennem lagene, ned til de flossede nerveender. Det går for stærkt. Hænderne glider ikke så langsomt, følsomt og helende, som jeg længes efter. Jeg forlader min længsel efter heling og zoomer ud – betragter helheden. At være nøgen i hans selskab er på mange måder dejligt og som et tag-selv-bord, og jeg mærker min lyst stige. I stedet for at insistere på det, som jeg allermest længes efter (det er svært at insistere på, det skal måske komme naturligt), går jeg efter noget velkendt og beder ham om at massere mine bryster. Det føles himmelsk. Snart suser min seksuelle energi rundt i kroppen, og jeg kan ikke ligge stille. Mine lyde fortæller ham, at han gør noget rigtigt. Det er vidunderligt at mærke, jeg føler mig hel og smuk og vigtigst af alt: Jeg er fuldt til stede i min krop sammen med ham. Da vi senere lægger os til at sove, føler jeg mig glad og let.

Nogle uger senere skriver jeg til ham, hvor meget den oplevelse betød for mig. Jeg har fået endnu et pejlemærke.

39

"Hvad gør vi nu, lille du?"
Det er en meget anderledes virkelighed at betræde, sådan at skulle forholde mig til mig selv, min dagligdag og livet generelt uden den beskæftigelse, som vægttab og tankerne herom har været for mig gennem mange år. Det er som at slippe et overordentligt potent narkotikum. Jeg bemærker højdepunkter – en frihed og ro – samt lavpunkter – "jeg kan ikke leve med denne tykke krop". Generelt fornemmer jeg, at fantasien og indsatsen for en slank krop har givet mig en opløftet sindstilstand. Når mit narkotikum er væk mærker jeg en mere stabil, om end kedeligere sindstilstand. Og når skammen og rædslen over min egen krop rammer mig, må jeg stå den igennem og mærke den. Jeg har ikke længere mit sædvanlige stof til at regulere med. Med tiden mærker jeg tydeligt at udsvingene bliver færre, og jeg forstår bedre, hvad der foregår. Jeg er ved at komme mig over et slanke-misbrug.

Mad og spisning er til tider en kilde til frustration og frygt for mig. Frustration når jeg forsøger at "spise fornuftigt", og det ikke helt lykkes, og frygt når jeg decideret overspiser. Få gange kaster jeg op. Begge dele er gamle, gamle, gamle travere, som jeg hiver frem. Jeg mener, at jeg må være vokset fra begge dele, men det mener andre dele af mig tydeligvis ikke. Det, at jeg reagerer med frustration på, hvordan jeg spiser, fortæller mig, at jeg ikke har sluppet idéen om en rigtig måde at spise på. Der er masser af gamle forestillinger at tage fat på.

Mine madvalg synes at være styret af nogle følelsesmæssige tilstande, som jeg ikke lige kan få hold på. Det er især følelsen af utryghed eller overvældelse, som kan trigge mig til at købe stort ind – chokolade, is, slik, chips – for derefter at plante mig i sengen med tæppe eller dyne og se fjernsyn, mens jeg spiser. Jeg tjekker ud. Andre gange er det bare en chokoladebar til lige at "pick me up". Lige at give mig lidt energi på en grå hverdag. Virkeligheden er, at der er mange stemninger, som kan give mig lysten til at overspise eller småspise. Det, at føle mig for mæt, kan give mig tanken om, at jeg lige så godt kan overspise og kaste op. Jeg mærker skuffelsen over, at kontakten til min krop ikke mirakuløst har ændret på min måde at spise på. En forklaring kunne være, at vanen og mange års reaktionsmønster har boret en dyb rille, som jeg triller rundt i. Jeg kan kun gøre mit bedste for at afspænde min krop, når sådanne følelser og tanker regerer. På nogle måder er jeg måske i en gammel rille, men på så mange andre måder er jeg et helt andet sted. Jeg er nænsom mod mig selv, og mit indre reagerer med større ro og tilfredshed. Jeg tager en dyb indånding og ånder ud med lyd. Og oplever lange perioder på flere uger – nogle gange måneder – hvor jeg ikke overspiser eller kaster op.

40

"Du kunne jo tabe dig"

Tanken dukker op næsten på daglig basis. Den kommer især i kølvandet på en ubehagelig følelse. Det er en meget indgroet idé, som tilskriver stort set ethvert ubehag og problem til min krops størrelse. Jeg kan nu forstå meningen med den. Der var engang, hvor jeg følte, at den reddede mit liv. Den fik mig til at stå op om morgenen med løftet om, at kærlighed og tryghed snart ville komme. Dengang, hvor jeg troede, at det var en slank krop, som skulle give mig det. Jeg har endnu ikke fundet anledning til at erstatte drømmen om en slank krop med en anden drøm. Jeg har det rigtig fint med at opleve mig selv og min krop på daglig basis uden andet mål end at mærke efter. På den måde er jeg mere interesseret i at være med min krop end at være med en drøm.

Dengang gemte jeg mig for mig selv i et lillebitte hjørne af min eksistens og levede mit liv derfra. Fra det perspektiv var slankhed det højeste mål, men det blev i virkeligheden en fortsættelse af et liv med et dybt kritisk og indskrænkende blik på mig selv. Et liv dedikeret til overflade og ikke mindst til at holde mig selv tilbage. Ved at reducere mit liv til et tal på vægten og en bestemt stereotyp måde at se ud på, gjorde jeg mig ufarlig for mig selv og mine omgivelser. Al min energi blev lagt i det. Drømmen "Når jeg en dag bliver slank ..." sørgede for at holde en illusion i live. Symbolsk blev dét "at se ud", i stedet for "at være til stede i livet", mit udgangspunkt.

Nu da jeg har besluttet mig for at fylde mig selv helt ud og træde ind i alle dele af mig selv, kan jeg udfolde mig, som jeg er. Det er slut med at skjule mig for mig selv. Min vægt er ikke en fejl eller en tilstand, der skal rettes op på. Den fortæller mig bogstaveligt talt, hvor stort et menneske jeg er. Og da jeg psykologisk ikke har villet anerkende det, viser det sig kropsligt. Jeg tror, at min mor ønskede, at jeg skulle være tryg og forblive lille. Ikke stikke ud, ikke folde mig ud. Muligvis fordi det havde virket for hende. Det er dog ikke min vej.

En aften, da jeg sidder og skriver nogle af de sidste ord i denne bog, går det op for mig, at min rejse med selvhad, kropsskræk og spiseforstyrrelser startede med en skolelejr i 1986 og endte med en sommerlejr i 2019. Årene imellem de to lejre har bragt mig mange veje. Der er både erfaring og dyb visdom at hente i det, som har bragt mig til, hvor jeg er i dag. Hjem i min krop.

Efterskrift

Under arbejdet med denne bog har jeg anset første og anden del af bogen for at være de overståede kapitler. Fortiden. Men jeg er ikke sikker på, at de oplevelser, tanker og følelser alene er fortid. De er på nogle måder også min nutid. Usikkerheden omkring min krop, frygten og sågar rædsel, der nogle gange dukker op. Men nu kan jeg se det og fortælle om det. Og mit forhold til mad er i lange perioder – flere måneder ad gangen – ganske fredelig.

Om forfatteren

Marlene Leth-Møller (f. 1972) er en utrættelig pioner i udforskningen af krop, spisning og skønhed og betydningen, som vi lægger i disse begreber. Hendes største undersøgelsesfelt er hende selv, og hun deler gerne ud af sine opdagelser uden på noget tidspunkt at blive dogmatisk.

Udover en cand.merc.-titel er hun uddannet NLP psykoterapeut.

Instagram: @naarjegbliverslank
Facebook: Når jeg bliver slank
mail@naarjegbliverslank.dk
www.naarjegbliverslank.dk

www.ingramcontent.com/pod-product-compliance
Lightning Source LLC
La Vergne TN
LVHW090403051026
849518LV00006B/2224
9788797200001